Diana Newel
Materialien und Kopiervorlagen
zur Klassenlektüre

Ursel Scheffler

Josef
und seine Brüder

Hase und Igel®

Inhalt

Kopiervorlagen:

Bildnachweis:
© Shutterstock – oxinoxi: S. 7 und 24 unten

www.hase-und-igel.de
Lektorat: Mareike Pfister
Satz: Appel Grafik München GmbH
Illustrationen: Dorothea Ackroyd
(aus der Lektüre und S. 21 und 36)
und Wolfgang Slawski (S. 7, 20 und 23)
Druck: Joh. Walch GmbH & Co. KG, Im Gries 6, 86179 Augsburg, kontakt@walchdruck.de

ISBN 978-3-86316-039-5
2. Auflage 2025

Das Buch

Viele Kinder faszinieren die Geschichten aus dem Alten Testament, die von Noahs Arche oder Jona und dem Wal erzählen. Doch kaum eine vermag so zu fesseln wie die von Josef und seinen Brüdern. Als Lieblingskind des Vaters zieht Josef den Neid und die Eifersucht seiner zehn älteren Brüder auf sich, die ihn schließlich in einen Brunnen werfen und dann als Sklaven an vorbeiziehende Händler verkaufen. So kommt Josef nach Ägypten in den Haushalt des Hofbeamten Potifar. Dort erlangt er schnell einiges Ansehen. Durch einen Racheakt aber landet Josef schuldlos im Gefängnis. Wieder ist er ganz unten angekommen, bis sein Ruf als Traumdeuter ihn zum Pharao führt und er entscheidend zur Rettung Ägyptens beitragen kann. Der Aufstieg Josefs ist gesichert: Der Pharao ernennt ihn zum Unterkönig und das Land bleibt von einer großen Hungersnot verschont, da Josef diese in den Träumen des Pharaos erkennen konnte. Als Josefs Brüder, getrieben vom Hunger, nach Ägypten reisen, um Korn zu kaufen, wird schließlich alles gut.

Obwohl Josef so viel Schlechtes ertragen muss, verliert er nie das Vertrauen in Gott und in sich selbst. Am Ende des biblischen Textes offenbart sich der Sinn der Erzählung, wenn Josef zu seinen Brüdern spricht: „Ihr zwar, ihr hattet Böses gegen mich beabsichtigt; Gott aber hatte beabsichtigt, es zum Guten zu wenden (…)“ (1. Buch Mose 50,20).

Schuld, Neid, Streit und Versöhnung, persönlicher Erfolg und Umgang mit Niederlagen – auf Josefs Schicksalsweg begegnen uns viele Themen, die Schüler aus ihrer eigenen Lebenswelt kennen. Die kindgerechte Erzählung der Josefsgeschichte von Ursel Scheffler eignet sich inhaltlich und formal ideal für die zweite bis vierte Jahrgangsstufe. Die Gestalt des Josef bietet eine wunderbare Identifikationsfigur. Seine Erlebnisse sind fesselnd und sichern so die Motivation und das Interesse der Klasse über mehrere Unterrichtsstunden hinweg.

Das Material

Das Unterrichtsmaterial hält vielfältige Anregungen für eine fruchtbare Auseinandersetzung der Schüler mit Josefs Weg bereit. Es ist aufgeteilt in einen Lehrerteil und in sich daran anschließende Kopiervorlagen. Der Lehrerteil liefert Zusammenfassungen der Lektürekapitel, Gesprächs- und Schreibanlässe, Hinweise und Lösungen zu den Kopiervorlagen sowie weiterführende Anregungen. Die Arbeitsblätter, die für die Hand der Schüler gedacht sind, können im Unterricht oder als Hausaufgabe zum Einsatz kommen. Oft bietet sich auch Gruppen- oder Partnerarbeit an.

Eine spannende Fantasiereise, die die Lektüre zu einer großen Zeitreise werden lässt, erleichtert den Kindern den Einstieg in die Unterrichtseinheit. Ihre Erlebnisse auf dieser „Reise“ halten die Schüler in einem Tagebuch fest. Außerdem vollziehen sie Josefs Weg nach jedem Kapitel visuell nach. So begleitet sie ein motivierendes Leseritual.

Die Kopiervorlagen zu den einzelnen Kapiteln umfassen zudem Schreibaufträge, kreative Impulse, Anregungen für Klassengespräche und tiefergehende Sachinformationen. Auf diese Weise können Sie das Textverständnis sicherstellen und die Schüler zu Transferleistungen befähigen. Immer wieder schlagen die Aufgaben auch eine Brücke zu deren Lebenswelt, was die Aktualität der biblischen Erzählung vor Augen führt und die Kinder mitten ins Geschehen bringt.

Der zweite Teil der Zeitreise, der alle wieder im Hier und Jetzt ankommen lässt, schließt den Kreis und beendet die spannende Reise mit Josef. Nach der Lektüre können die Schüler spielerisch ihr Wissen testen.

Die Symbole in der Kopfleiste der Kopiervorlagen zeigen auf einen Blick, welche Schüleraktivitäten jeweils im Vordergrund stehen.

Ich wünsche Ihnen und Ihren Schülern viel Freude und spannende Einsichten auf dem abenteuerlichen Weg mit Josef.

Diana Newel

Vor der Lektüre

Bereiten Sie Ihre Schüler mit einer Fantasiereise auf die Lektüre der Josefsgeschichte vor. Lesen Sie zusammen das Vorwort auf Seite 7 des Buches. Sagen Sie anschließend, dass Sie eine Zeitmaschine gemietet haben, mit der alle gemeinsam in diese Vergangenheit reisen werden: in das Land Kanaan zur Zeit des Alten Testaments. Lesen Sie der Klasse anschließend den Text „Unsere Zeitreise" von Seite 16 vor.

Die Josefsgeschichte
Die Geschichte von Josef und seinen Brüdern findet sich in der Bibel im 1. Buch Mose 37–50. Auch in der Heiligen Schrift der Muslime, dem Koran, können wir sie in ähnlicher Form lesen: Eine ganze Sure (Sure 12) ist dort Yusuf, wie Josef im Arabischen heißt, gewidmet. Zentrale Themen beider Religionen, wie das tiefe Vertrauen in einen fürsorgenden Gott, kommen in der Erzählung zum Ausdruck.

Hinweise zu den Kopiervorlagen

Unsere Zeitreise – der Hinweg
Lesen Sie den Schülern den Text auf der Kopiervorlage vor, um die literarische Zeitreise besonders lebendig zu gestalten. Die Fantasiereise soll nicht zur Entspannung dienen, sondern weckt die Neugier auf die Lektüre und motiviert auch Lesemuffel. Fordern Sie die Kinder zum Mitmachen auf: Durch entsprechende Bewegungen beim An- und Ausziehen des imaginären Schutzanzuges werden sie aktiv in das Geschehen einbezogen. Das anschließende ruhige Zuhören trainiert die Vorstellungskraft. Erzeugen Sie zusätzlich Spannung, indem Sie an den gekennzeichneten Stellen der Geschichte einen Zeitmaschinensoundeffekt sowie orientalische Musik einsetzen. Im Internet finden Sie viele passende Audiodateien.

Das Ende der Lektüre wird mit der Fantasiegeschichte von Seite 43 entsprechend als Rückreise gestaltet.

Mein Reisetagebuch
Führen Sie das Reisetagebuch zu Beginn der Lektüre ein. Erklären Sie den Schülern, dass sie hier nach jeder Etappe knapp das Geschehen zusammenfassen und für sie zentrale Punkte notieren werden. Es bietet sich an, die Tabelle Kapitel für Kapitel zu ergänzen. Das Lesetagebuch fördert die Motivation und eine intensive Auseinandersetzung mit der Lektüre. Am Stundenende können Sie den Eintrag der Schüler jeweils mit einem Stempel versehen, was auch die Kinder, die keine Bücherwürmer sind, zum Weiterlesen animiert.

Beispiellösung
Eintragungen unter „Das ist passiert":
Der Lieblingssohn Josef bekommt vom Vater ein Gewand geschenkt.
Josef kränkt seine Brüder mit seinen Träumen.
Die Brüder planen, Josef in einen Brunnen zu werfen.
Josef landet im Brunnen und betet.
Josef wird an Sklavenhändler verkauft.
Josef weist Potifars Frau zurück und kommt ins Gefängnis.
Josef wird Hilfsaufseher im Gefängnis und deutet zwei Träume.
Josef deutet die Träume des Pharaos und wird Unterkönig von Ägypten.
Josef stellt seine Brüder vor eine Prüfung und gibt sich nicht zu erkennen.
Die Brüder kehren mit Benjamin zurück nach Ägypten.
Josef gibt sich zu erkennen und vergibt seinen Brüdern.

Mit Josef unterwegs
Jeweils am Ende eines Kapitels schauen sich die Schüler Josefs Schicksalsweg mithilfe dieses Arbeitsblatts genauer an: Indem sie Pfeile nach oben, unten oder geradeaus aufkleben, wird Josefs Weg, der von vielen Höhen und Tiefen gekennzeichnet ist, visuell umgesetzt.

Das Schaubild kann auch auf DIN A3 vergrößert oder mittels Beamer gezeigt und im Plenum bearbeitet werden. Diskutieren Sie darüber, warum die Schüler welche Entscheidung treffen. Es ist durchaus möglich, dass die Kinder Josefs Weg, zumindest an einzelnen Stellen, unterschiedlich interpretieren oder den Schwerpunkt anders setzen. Wichtig ist, dass sie ihre Entscheidung nachvollziehbar begründen. Für einen schnellen Überblick können die Schüler kreativ werden und jeweils Symbole dazumalen, die für die einzelnen Kapitel stehen (z. B. ein Gewand für das 1. Kapitel).

1. und 2. Kapitel: **Josef petzt und träumt**

Inhalt

Josef wächst mit elf Brüdern in einer Nomadenfamilie in Kanaan auf. Die Brüder haben unterschiedliche Mütter. Josef und sein Bruder Benjamin stammen von Rachel, der

Lieblingsfrau ihres Vaters Jakob, die bei der Geburt von Benjamin starb. Als Josef siebzehn Jahre alt ist, bekommt er von Jakob ein kostbares Gewand geschenkt, mit dem er den Neid seiner älteren Brüder auf sich zieht. Deren Unmut wächst, weil Josef dem Vater von den Sachen berichtet, die sie anstellen, wenn sie unterwegs sind. Sie fühlen sich von Josef ausspioniert und verraten.

Eines Tages hat Josef einen besonderen Traum: Er und seine Brüder binden Getreide zu Garben. Die Garben der Brüder verneigen sich vor Josefs Garbe. Als Josef seinen Brüdern davon erzählt, reagieren sie wütend. Nach einer Weile träumt er erneut: Diesmal verbeugen sich Sonne, Mond und elf Sterne vor ihm. Auch sein Vater ärgert sich über die Träume und rät Josef, mit niemandem darüber zu sprechen.

Gesprächs- und Schreibanlässe

Josef und Benjamin sind die Lieblingssöhne des Vaters.
- Warum ist das vermutlich so?
- Wie fühlt sich das wohl für Jakobs andere Kinder an?

Für Nomaden ist eine große Familie wichtig.
- Wie groß ist deine Familie?
- Kannst du dir vorstellen, elf Brüder zu haben? Was wäre daran schön, was nicht so schön?

Der Vater schenkt allein Josef ein kostbares Gewand.
- Wie fühlen sich seine Brüder da wohl?
- Was könnten sie zueinander sagen?
- Kann man Josef für das Verhalten seines Vaters verantwortlich machen?

Josef verpetzt seine Brüder öfters beim Vater.
- Was ist „petzen"?
- Wann ist es wichtig, etwas zu sagen – auch wenn andere sagen: „Du darfst nicht petzen!"
- Hast du auch schon einmal jemanden verpetzt?
- Wurdest du schon einmal verpetzt? Wie war das für dich?

Josef erzählt seinen Brüdern von seinen Träumen.
- Welche Meinung haben die Brüder von Josef?
- Inwiefern könnte sich der Eindruck durch die Träume noch verstärken? Begründe deine Antwort.
- Wie würdest du anstelle der Brüder reagieren?
- Findest du es klug, dass Josef mit seinen Brüdern über die Träume spricht? Begründe deine Antwort.
- Warum erzählt Josef seinen Brüdern überhaupt von seinen Träumen? Was meinst du?

Damals glaubten die Menschen, dass Träume Botschaften von Gott übermitteln und die Zukunft zeigen.
- Kennst du Beispiele, wo heute etwas vorausgesagt wird? (z. B. Glückskekse, Horoskop, Wettervorhersage)
- Was ist der Unterschied zwischen der Wettervorhersage und dem Blick in eine Kristallkugel?
- Glaubst du, dass man die Zukunft vorhersagen kann? Begründe deine Meinung.

Hinweise zu den Kopiervorlagen

KV Seite 19

Josefs Familie
Um einen Überblick über Josefs Familie zu erhalten, tragen die Schüler die Namen der Frauen und Kinder Jakobs in einen Stammbaum ein. Die Aufgabe erleichtert das Textverständnis.

Lösung
Aufgabe 2:

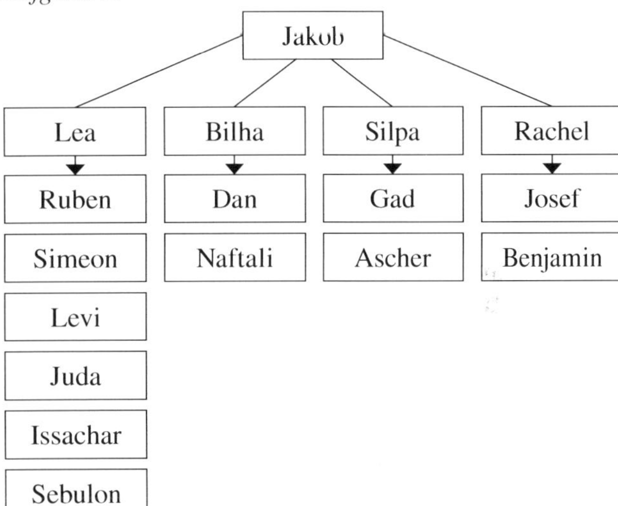

Josef, ein Nomadenkind
Die Kinder lesen einen kurzen Sachtext über das Nomadentum. Dann geben sie in eigenen Worten wieder, was das Nomadenleben ausmacht. Ein Pfeilpfad bietet einen spielerischen Abschluss.

Lösung
Aufgabe 2:
Mögliche Zusammenfassung: Nomaden haben keinen festen Wohnsitz. Sie ziehen auf der Suche nach Futterstellen für ihre Tiere durch die Gegend.

Aufgabe 3:
Die Nomaden orientierten sich mithilfe der Sonne und der STERNE.

Weiterführende Anregung
Gestalten Sie gemeinsam Nomadenzelte. Die Schüler malen Trapeze auf farbiges Tonpapier, schneiden diese aus und zusätzlich von der unteren Linie mittig nach oben ein (Achtung: nicht durchschneiden!), sodass zwei Dreiecke nach links und rechts weggeklappt werden können. Anschließend kleben sie das so entstandene Zelt auf ein neues Blatt. Nun können Josef und weitere Familienmitglieder in das Zelt und außen herum gemalt werden. Wer Lust hat, gestaltet sein Bild weiter aus, beispielsweise mit einem Lagerfeuer oder einer Wasserstelle.

KV Seite 21

Josefs Gewand (1)
Auf diesem Arbeitsblatt setzen sich die Schüler mit der Beziehung zwischen Josef und seinen Brüdern auseinander: Was führte zum Konflikt? Warum empfinden die Brüder solch einen Hass? Indem die Schüler Buchstaben in die richtige Reihenfolge bringen, erarbeiten sie das Bild, das die Brüder von Josef haben.

Eine zentrale Rolle spielt das prächtige Gewand, das Jakob Josef schenkt. Für die Brüder symbolisiert es die Bevorzugung Josefs durch den gemeinsamen Vater. Wie könnte es ausgesehen haben? Hatte es prächtige Muster? Die Schüler gestalten die Abbildung. Dazu eignen sich Bunt- und Filzstifte, aber auch Stoffreste, die aufgeklebt werden können.

Lösung
Aufgabe 1:
1. Lieblingssohn
2. Mädchenschwarm
3. Petze
4. Angeber
5. Träumer

KV Seite 22

Paula platzt vor Neid
Eine Alltagsgeschichte überträgt die Thematik „Neid" in die Lebenswirklichkeit der Kinder. Lesen Sie die Geschichte vor oder lassen Sie die Schüler reihum Satz für Satz lesen. Suchen Sie gemeinsam die Anzeichen für Paulas Neid heraus, der sich sowohl in ihrer Haltung als auch in ihren Gedanken zeigt. Im Anschluss überlegen die Schüler, wie Paula reagieren könnte, wenn sie am Ende vor Neid platzt. Sprechen Sie über das Verhalten der Familienmitglieder: Sehen die Schüler Fehler darin oder finden sie es richtig, wie Eltern und Kinder miteinander umgehen?

Beispiellösung
Aufgabe 2:
Paula presst fest ihre Lippen aufeinander und muss fast weinen. Sie fühlt sich ungerecht behandelt und denkt, dass sich niemand für ihre Verbesserung im Fach Deutsch interessiert. Paula will ihrer Schwester die Tomatensoße ins Gesicht kippen. Der letzte Satz sagt es klar: Paula platzt vor Neid.

Aufgabe 3:
Paula kippt ihrer Schwester die Tomatensoße ins Gesicht. Sie schreit ihre Schwester an, springt auf und läuft in ihr Zimmer.

Aufgabe 4:
Die Eltern sollten Paulas Fortschritte und ihre Anstrengungen ebenso loben und sie nicht mit ihrer Schwester vergleichen. Emma sollte nicht so vor ihrer Schwester angeben. Paula könnte sich für Emma freuen.

3. bis 5. Kapitel: **Die Rache der Brüder**

Inhalt

Jakob ist besorgt um Josefs Brüder: Schon übermäßig lange sind diese mit den Herden fort. Er trägt Josef auf, nach ihnen zu sehen. Die Brüder erkennen Josef schon von Weitem an seinem Gewand und hegen den Plan, den kleinen Bruder zu töten. Ruben, der älteste der Brüder, schlägt vor, Josef lieber in einen Brunnen zu werfen. Er nimmt sich vor, ihn später heimlich zu retten.

Als Josef schließlich bei seinen Brüdern eintrifft, nehmen sie ihm sein Gewand ab und werfen ihn in den Brunnen. Verzweifelt betet Josef zu Gott.

Arabische Händler kreuzen den Weg der Brüder. Kurzerhand verkaufen sie Josef als Sklaven an die Reisenden. Ruben, der später nach seinem kleinen Bruder sehen will, findet den Brunnen leer und erfährt von den anderen, was mit Josef geschehen ist. Dem Vater täuschen die Brüder vor, Josef sei gestorben, indem sie sein Gewand mit Lammblut beschmieren.

Gesprächs- und Schreibanlässe

Josef wird von den Brüdern in einen Brunnen geworfen.
- Wie denkst du über diese Tat?
- Hast du auch schon einmal jemanden ausgegrenzt, sodass er sich allein und hilflos fühlte?
- Wurdest du schon einmal ausgegrenzt? Wie fühlte sich das an?

Josef betet.
- Was erhofft Josef sich vielleicht von seinem Gebet?
- Betest auch du manchmal, wenn du verzweifelt bist?

Judas Vorschlag, Josef an die arabischen Händler zu verkaufen, findet bei den Brüdern Zustimmung.
- Warum sind die anderen damit einverstanden?
- Was hältst du von dem Vorschlag?

Der Vater glaubt, Josef sei von einem wilden Tier gefressen worden. Er trauert um Josef.
- Glaubst du, die Brüder haben ein schlechtes Gewissen? Begründe deine Meinung.
- Warum könnten sie den Vater noch täuschen wollen?

Jetzt ist es für die Brüder zu spät, ihr Verhalten rückgängig zu machen.
- Hast du auch schon einmal etwas getan, was du am liebsten rückgängig gemacht hättest? Erzähle davon.
- Wie fühlte sich das an?

Hinweise zu den Kopiervorlagen

Gut zu Fuß
Die Karte dient den Schülern zur Orientierung und liefert einen Eindruck davon, welch weite Strecken zu jener Zeit zu Fuß zurückgelegt werden mussten. Rufen Sie der Klasse ins Gedächtnis, dass damals keine Autos, Busse oder Bahnen zur Verfügung standen. Auch Navigationsgeräte waren noch lange nicht erfunden. Überlegen Sie gemeinsam: Wie orientierten sich die Menschen damals? Erinnern Sie an den Lösungssatz der Kopiervorlage von Seite 20 und sammeln Sie weitere Möglichkeiten der Orientierung mithilfe der Natur (z. B. auffällige Steine, Felsformationen und Landschaften, Flüsse und Berge).

Die Entfernung zwischen Hebron und Sichem (heute: Nablus) lässt sich gut im Internet recherchieren. Dort gibt es verschiedene Routenplaner, die kostenfrei genutzt werden können. Je nach Anbieter schwanken die Werte etwas. Die Schüler können das Ergebnis zudem auf den ganzen Zehner runden.

Lösung
Aufgaben 1 und 4:

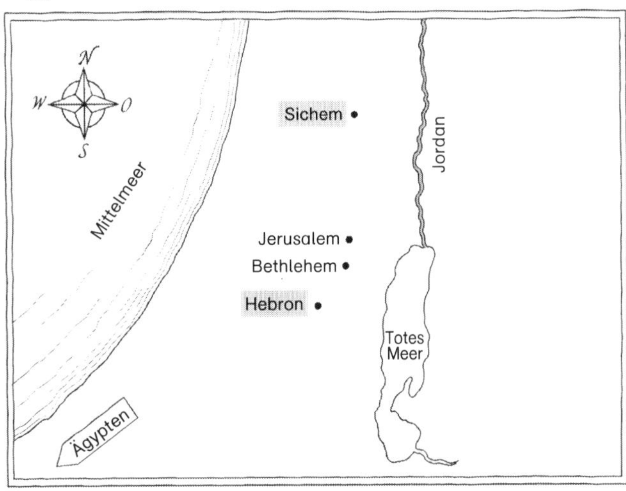

Aufgabe 3:
Von Hebron nach Sichem war Josef ungefähr 100 Kilometer unterwegs.
Zu Fuß brauchte er dafür etwa 20 Stunden.

Stopp!
Die Brüder wollen Josef in den Brunnen werfen. Die Schüler versetzen sich in die Situation und überlegen, was sie den Brüdern hätten sagen können, um sie von ihrem schrecklichen Vorhaben abzubringen. Anschließend schreiben sie auf, welche Eigenschaften einem helfen, in solchen Situationen einzugreifen.

Beispiellösung
Aufgabe 1:
Tut das nicht, ihr werdet es bereuen! Redet besser mit euren Eltern in Ruhe darüber, wie es euch mit Josef geht. / Stopp! Ich rate euch, mit Josef zu sprechen. Sagt ihm, wie ihr euch fühlt.

Aufgabe 2:
Furchtlosigkeit, Zivilcourage, Mut, Beherztheit, Selbstbewusstsein

Weiterführende Anregung
Lassen Sie die Kinder die Situation nachspielen: Jeweils eine Gruppe spielt die Brüder, ein Schüler ist Zeuge der Situation. Er versucht, mit guten Argumenten und einer entsprechenden Körperhaltung die Brüder davon zu überzeugen, von Josef abzulassen, und rät ihnen zu einer Alternative.

KV Seite 25

Ausgegrenzt

Mit Ausgrenzung sehen sich viele Schüler konfrontiert. Sei es, weil sie selbst ausgegrenzt werden, jemanden ausgrenzen oder Zeuge einer Ausgrenzung werden. Um in diesen Situationen angemessen zu reagieren, braucht es Zivilcourage und die richtigen Antworten. Das Arbeitsblatt hilft, Ausgrenzung und Diskriminierung zu erkennen und couragiertes Handeln zu trainieren.

Lösung

Aufgabe 1:

1. Eifersucht	4. Behinderung
2. Hautfarbe	5. Religion
3. Armut	6. Geschlecht

Aufgaben 2 und 3:

Mögliche Antworten:

1. Wenn du dich anstrengst, schreibst du sicher auch gute Noten. Hör auf, Jonas deswegen zu hänseln!
2. Manche Menschen haben eine helle, manche eine dunkle Haut. So wie manche eine große und manche eine kleine Nase haben. Wir sehen alle unterschiedlich aus. Trotzdem sind wir gleich. Keiner ist aufgrund seines Aussehens besser oder schlechter. Und wenn wir alle gleich aussehen würden, wäre das auch langweilig.
3. Nicht alle haben gleich viel Geld. Und ob jemand neue oder alte Kleidung trägt, ist nicht wichtig. Lisa ist ein tolles Mädchen.
4. Stellt euch vor, ihr müsstet plötzlich im Rollstuhl sitzen. Wie würdet ihr euch dann fühlen? Schaut lieber, wie gut Leo damit zurechtkommt. Ich habe großen Respekt davor.
5. Samra trägt ihr Kopftuch und zeigt damit ihren Glauben. Ihr feiert doch auch Weihnachten und zeigt damit, dass ihr Christen seid. Vielleicht tragt ihr manchmal eine Hose, die Samra nicht gefällt. Das ist in Ordnung. Aber lasst ihr bitte auch diese Freiheit.
6. Timo macht das, was ihm Spaß macht. Er geht seinen eigenen Weg und lässt sich nicht reinreden. Darauf kann er stolz sein.

Weiterführende Anregung

Gehen Sie auch darauf ein, dass sogar im deutschen Grundgesetz verankert ist, dass keiner ausgegrenzt werden darf: „Niemand darf wegen seines Geschlechtes, seiner Abstammung, seiner Rasse, seiner Sprache, seiner Heimat und Herkunft, seines Glaubens, seiner religiösen oder politischen Anschauungen benachteiligt oder bevorzugt werden. Niemand darf wegen seiner Behinderung benachteiligt werden." (Artikel 3 Absatz 3 GG) In höheren Klassen können Sie auf den Begriff „Rasse" eingehen. Dieser steht hart in der Kritik. Deshalb wird von vielen Seiten gefordert, den Artikel im Grundgesetz umzugestalten. Das Bundesjustiz- und das Bundesinnenministerium haben beschlossen, die Formulierung „wegen seiner Rasse" in „aus rassistischen Gründen" zu ändern (Stand: März 2021). Erklären Sie den Kindern, dass die Bezeichnung „Rasse", wie es sie beispielsweise bei Hunden gibt, auf Menschen nicht zutrifft. Man spricht von ethnischen Unterschieden.

Meine Gefühlsampel

Gefühle spielen in der Josefsgeschichte eine zentrale Rolle. Knüpfen Sie hier an und reflektieren Sie gemeinsam über das Thema: Die Kinder malen Ampeln in den Ampelfarben aus. Dann überlegen sie sich zu jeder Farbe passende Gefühle und woran sie diese an sich erkennen. Selbstwahrnehmung und Selbstbewusstsein werden geschult. Die Schüler können die Vorschläge aus dem Kasten verwenden, aber auch eigene Antworten finden.

Beispiellösung

Aufgabe 1:

Steht meine Gefühlsampel auf Grün, fühle ich mich gut.
Das merke ich so an mir: Ich bin entspannt.
Steht meine Gefühlsampel auf Gelb, fühle ich mich nicht so gut.
Das merke ich so an mir: Mein Bauch grummelt.
Steht meine Gefühlsampel auf Rot, fühle ich mich wütend.
Das merke ich so an mir: Ich balle meine Hände zu Fäusten.

Aufgabe 2:

Die Gefühlsampel der Brüder steht auf Rot. Sie schimpfen über Josef und schmieden Rachepläne.

Weiterführende Anregungen

- Alternativ oder ergänzend kann eine Gefühlsampel gebastelt werden. Dazu wird eine Ampel auf Tonpapier gezeichnet, in Rot, Gelb und Grün ausgemalt und ausgeschnitten. Durch die Position einer Wäscheklammer, die an der entsprechenden Farbe angebracht wird, können die Kinder zeigen, wie es ihnen gerade geht. So werden sie sich ihrer Gefühle bewusst. Die Ampel lässt sich auch in Konfliktsituationen einsetzen. An der Kinderzimmertür kann sie zu Hause als Signal dienen.
- Spielen Sie „Gefühle raten". Dazu stellt ein Kind durch seine Körperhaltung, mit Mimik und Gestik ein Gefühl dar. Die anderen raten, um welches Gefühl es sich handelt. Im Anschluss überlegen alle, welche Aussagen zu diesem Gefühl passen, etwa beim Gefühl Wut: „Ich raste gleich aus."

KV Seite 27

Zwei Seiten
Mithilfe des Arbeitsblatts schauen sich die Kinder die beiden extremen Gefühlswelten von Josef und seinen Brüdern genauer an. In einem ersten Schritt suchen sie aus einem Wortgitter Adjektive heraus. Dabei ist Konzentration gefragt. In einem zweiten Schritt ordnen die Schüler die Wörter Josef und seinen Brüdern zu.

Lösung
Aufgabe 1:

C	V	E	R	L	E	T	Z	T	H	A	X	V	H
A	C	Z	A	W	W	X	X	A	T	X	W	I	I
R	R	A	C	H	S	Ü	C	H	T	I	G	T	L
Z	C	W	X	A	G	U	W	F	D	K	L	E	F
W	W	Ä	N	G	S	T	L	I	C	H	T	W	L
Ü	B	K	O	U	T	R	J	E	R	N	W	S	O
T	T	X	G	X	P	A	P	X	T	X	W	V	S
E	W	U	U	R	M	U	M	K	C	S	H	P	S
N	R	R	P	T	E	R	D	W	M	I	Z	V	B
D	E	Z	U	F	R	I	E	D	E	N	T	V	P
E	S	I	S	Z	H	G	P	U	W	B	W	A	P
H	P	P	T	X	I	P	P	U	T	P	P	T	A
A	N	G	R	I	F	F	S	L	U	S	T	I	G

Aufgabe 2:
Josef: verletzt, hilflos, ängstlich, traurig
Brüder: rachsüchtig, wütend, zufrieden, angriffslustig

Sag mal, Ruben …
Mit diesem Arbeitsblatt gehen die Schüler der Frage nach, weshalb Ruben dem Vater nichts von der Tat seiner Brüder erzählt hat. Dazu schlüpfen sie in die Rolle von Ruben und versuchen sich an einer Antwort aus dessen Sicht. Die zweite Aufgabe können Sie zur Differenzierung nutzen.

Beispiellösung
Aufgabe 1:
Ich habe nichts erzählt, weil ich meine Brüder nicht verraten wollte. Ich wollte nicht, dass mein Vater schlecht von uns denkt/enttäuscht von uns ist/böse auf uns ist. Ich hatte Angst, wie Josef bestraft zu werden.

Manchmal muss man petzen
Ruben hat niemandem etwas von der Racheaktion der Brüder erzählt. Auch die Schüler kennen bestimmt Situationen, in denen sie geschwiegen haben, um nicht als Verräter dazustehen, und Fälle, in denen sie vielleicht den Bruder oder die Schwester bei den Eltern „verpetzt“ haben. Mit der Kopiervorlage soll das Bewusstsein der Schüler dafür gestärkt werden, dass es in manchen Situationen empfehlenswert oder sogar dringend erforderlich ist, einen Erwachsenen ins Vertrauen zu ziehen. Das Arbeitsblatt eignet sich zur Bearbeitung im Plenum oder mit einem Partner. Sprechen Sie in jedem Fall gemeinsam über die Entscheidung der Schüler. Anschließend nutzen sie ihre neu gewonnenen Erkenntnisse und finden eigene Beispiele.

Beispiellösung
Aufgaben 1 und 2:
1. Hier muss Jakob Bescheid geben, sonst könnte es für seinen Bruder gefährlich werden.
2. Tina muss Bescheid geben, da ihre Schwester sonst ernsthaft krank werden könnte.
3. Paul muss Bescheid geben. Wenn man sich allein nicht mehr zu helfen weiß, muss man sich Hilfe von Erwachsenen holen.
4. Charlotte muss nicht petzen. Die Lehrerin informiert die Mutter, wenn sie der Meinung ist, dass sie es erfahren muss.
5. Hier könnte Elias selbst mit seinem Bruder reden und ihm erklären, dass das, was er tut, nicht richtig ist. Wenn das nichts bringt, sollte Elias mit seinem Vater sprechen, damit sein Bruder erkennt, wie falsch Stehlen ist, auch in der Familie.
6. Lena sollte mit ihrem Bruder reden, dann aber auch den Eltern Bescheid geben, da Rauchen zu schweren gesundheitlichen Problemen führen kann. Entscheidend ist hier nicht zuletzt das Alter des großen Bruders.

6. und 7. Kapitel: **Unschuldig in Gefangenschaft**

Inhalt

Josef trifft mit den Händlern in Ägypten ein und wird an Potifar, einen Hofbeamten des Pharaos, weiterverkauft. Da Josef ein fleißiger Arbeiter ist, steigt er zum Aufseher über dessen Haus auf. Potifars Frau versucht, Josef zu verführen. Er aber lässt sich nicht darauf ein und flieht. In ihrem Stolz verletzt behauptet die Verschmähte, Josef habe sie verführen wollen. Potifar wirft Josef daraufhin ins Gefängnis.

Das Dasein im Kerker ist hart, doch Josef verliert seinen Glauben nicht. Ein Gefängnisbeamter erkennt das Gute in Josef und befördert ihn zum Hilfsaufseher. Eines Tages kommen ein Bäcker und ein Mundschenk als Gefangene in den Kerker. Josef deutet die Träume der beiden. Er sagt dem Mundschenk voraus, dass dieser bald wieder für den Pharao arbeiten dürfe. Der Bäcker jedoch werde hingerichtet. Josef behält recht.

Hebräer
Josef wird in der Geschichte des Öfteren „Hebräer" genannt. Das Wort ist im Alten Testament eine Bezeichnung für die frühen Angehörigen des israelischen Volkes (später: Juden). Die erste Person, die in der Bibel als Hebräer bezeichnet wird, ist Abraham. Der Ursprung des Wortes und der Grund, warum ausgerechnet Abraham so genannt wurde, sind bisher nicht eindeutig geklärt.

Gesprächs- und Schreibanlässe

Potifar macht Josef zum Aufseher.
- Wie merkt Potifar, dass er Josef vertrauen kann?
- Was bedeutet dieser Aufstieg für Josef?

Potifar glaubt seiner Frau mehr als Josef, als diese Josef beschuldigt.
- Wie ist das für Josef?
- Was meinst du: Warum erzählt die Frau Lügen über Josef?

Der Mundschenk und der Bäcker berichten Josef eines Tages von ihren Träumen.
- Worin unterscheiden sich die beiden Träume? Was ist das gute, was das schlechte Zeichen?
- Kannst du dich manchmal auch so genau an deine Träume erinnern? Was träumst du?
- Welche Arten von Träumen kennst du? (z. B. Tagträume; Albträume; den Traum, irgendwann etwas Bestimmtes tun zu können)
- Findest du Träumen wichtig? Begründe deine Antwort.

Josef ist unschuldig im Gefängnis.
- Bist du auch schon einmal für etwas bestraft worden, wofür du nicht verantwortlich warst?
- Woran merkt Josef, dass Gott bei ihm war?

Josef gibt immer sein Bestes und wird belohnt.
- Wann versuchst du, dein Bestes zu geben?
- Warum sollte man das tun?
- Wurdest du auch schon einmal belohnt, weil du dein Bestes gegeben hast?

Hinweise zu den Kopiervorlagen

KV Seite 30

Das Alte Ägypten
Mithilfe des Textes tragen die Schüler Begriffe in die Ständepyramide ein. So erhalten sie einen Einblick in die gesellschaftlichen Strukturen des Alten Ägypten. Zudem wird das sinnentnehmende Lesen gestärkt. Thematisieren Sie, dass es den meisten Leuten in dieser gesellschaftlichen Ordnung nicht gutging. Sie mussten sehr harte Arbeiten verrichten und hatten nur wenige oder keine Rechte.

Lösung
Aufgabe 2:

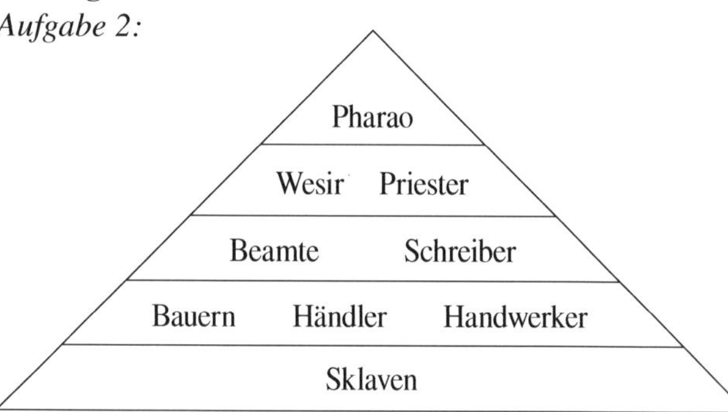

Josef und die Frau des Potifar
Die Schüler stellen ihr Textverständnis unter Beweis, indem sie die Geschichte zwischen Josef und der Frau des Potifar in die richtige Reihenfolge bringen. Die zugehörigen Buchstaben ergeben das Lösungswort, das zur Selbstkontrolle dient. Die zweite Aufgabe schlägt den Bogen zur Lebenswirklichkeit der Kinder und überträgt die Situation in ihren Alltag.

Lösung
Aufgabe 1:
Lösungswort: RACHE

Im Gefängnis
Auch im Gefängnis erarbeitet Josef sich durch seinen Fleiß, sein Auftreten und nicht zuletzt durch sein Vertrauen in Gott eine besondere Stellung. Die Schüler filtern aus der Lektüre zunächst die negativen Seiten seiner Gefangenschaft heraus und analysieren dann genauer, was Josefs Situation verbesserte. Abschließend überlegen sie, wie es heutigen Gefängnisinsassen wohl ergeht. Vermutlich haben die meisten Kinder keine rechte

Vorstellung davon. Lassen Sie die Schüler deshalb im Internet auf der Kinderseite der Bundeszentrale für politische Bildung recherchieren, wie es in einer modernen Vollzugsanstalt aussieht: *https://www.hanisauland.de/wissen/lexikon/grosses-lexikon/g/gefaengnis.html.* Ein spannendes Thema, das den einen oder anderen vielleicht motiviert, ein (erstes) kurzes Referat zu halten.

Beispiellösung
Aufgabe 1:
Dunkelheit, an eine Mauer gekettet sein, sich kaum bewegen können

Aufgabe 2:
beten, hoffen/vertrauen auf Gottes Hilfe, sich geschickt anstellen, Aufstieg zum Hilfsaufseher

Mauern um mich
Die Geschichte von Luis zeigt, dass auch Kinder sich eingesperrt fühlen können, ohne in einem Gefängnis zu sein. Zusammen lesen alle die kurze Geschichte und unterhalten sich über die Gründe für Luis' Gefühle. Besprechen Sie dann gemeinsam, wie Luis etwas an seiner Situation ändern könnte. Anschließend überlegen die Schüler, wann und wodurch sie sich eingesperrt fühlen.

Beispiellösung
Aufgabe 2:
Dadurch fühlt sich Luis eingesperrt: Luis wächst alles über den Kopf. Er hat zu viele Termine. Er kann nicht mehr frei über seine Zeit bestimmen. Er ist „unfrei".
Das könnte Luis tun: Luis könnte mit seinen Eltern oder einem anderen Erwachsenen darüber sprechen. Er könnte überlegen, welches Hobby er aufgeben könnte, um nicht mehr so viele feste Termine und verplante Zeit zu haben.

8. und 9. Kapitel: **Josefs Aufstieg**

Inhalt

Der Pharao hat eines Nachts zwei seltsame Träume, die keiner zu deuten vermag: Im ersten Traum werden sieben fette Kühe von sieben dürren Kühen gefressen. Der zweite Traum handelt von sieben dicken Ähren, die von dürren Ähren verschlungen werden. Da erinnert sich der Mundschenk an Josef. Der Pharao lässt den Hebräer umgehend aus dem Gefängnis holen. Josef deutet die beiden Träume als Warnung: Auf sieben gute Jahre werden sieben magere Jahre folgen. Eine Hungersnot werde kommen und vom Wohlstand Ägyptens werde nicht mehr viel übrig bleiben. Josef rät dem Pharao, Vorkehrungen zu treffen und einen klugen Mann einzustellen, um Vorratslager zu bauen. Der Pharao ernennt daraufhin Josef zum Unterkönig über Ägypten.

Josef führt nun ein gutes Leben. Gewissenhaft geht er seiner Aufgabe nach. Als schließlich die sieben mageren Jahre beginnen, kommen von überall her Händler, um Korn zu kaufen – so auch seine zehn älteren Brüder. Josef erkennt sie sofort. Die Brüder jedoch wissen nicht, mit wem sie es zu tun haben. Josef beschuldigt sie der Spionage und trägt ihnen auf, ihren jüngsten Bruder zu holen, als Beweis dafür, dass sie die Wahrheit sagen und keine bösen Absichten haben. Josef behält dafür Simeon als Geisel. Auf dem Rückweg entdecken die Brüder in den Getreidesäcken das Geld, mit dem sie das Korn bezahlt haben und das Josef heimlich wieder zurücklegen ließ. Zu Hause angekommen berichten sie Jakob von den Ereignissen. Nach langem Zögern lässt dieser Benjamin schließlich mit nach Ägypten ziehen.

Gesprächs- und Schreibanlässe

Josef bekommt vor seinem Besuch beim Pharao neue Kleider.
- Erkennst du einen Zusammenhang zum Anfang der Geschichte?
- Worin siehst du Unterschiede?

Josef ist nun Unterkönig von Ägypten, doch er wird nicht hochmütig.
- Welche Gründe könnte es dafür geben?
- Was sind Josefs Aufgaben als Unterkönig?

Josef gibt sich seinen Brüdern vorerst nicht zu erkennen.
- Warum verhält er sich wohl so?
- Welche Gedanken könnten Josef durch den Kopf gehen, als er seine Brüder wiedersieht?

Josef lässt das Geld, das die Brüder mitgebracht haben, in die Getreidesäcke legen.
- Warum könnte Josef das tun?
- Was befürchten die Brüder, als sie das Geld finden?

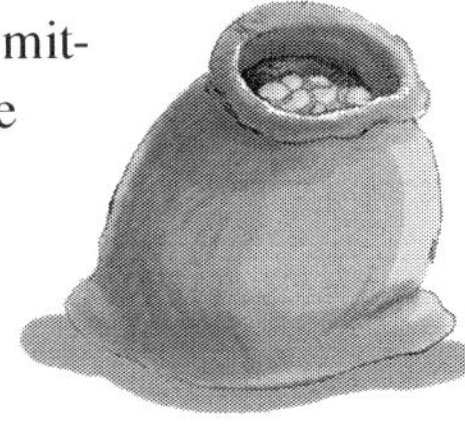

Die Brüder wollen mit Benjamin zurück nach Ägypten. Jakob aber zögert.

- Welche Gründe haben die Brüder? Welche hat Jakob?
- Wem würdest du zustimmen?

Hinweise zu den Kopiervorlagen

Der Pharao hat geträumt

Die Schüler festigen ihr Wissen über die beiden Träume des Pharaos, indem sie durcheinandergeratene Textbausteine ausschneiden und in der richtigen Reihenfolge zusammenkleben. Dann füllen sie die Lücken aus. Schwächere Schüler können Sie eingangs darauf hinweisen, dass sich die ersten Textstreifen auf den ersten Traum beziehen und dann die des zweiten Traums folgen. Die unteren vier Felder bilden den Schluss.

Lösung

Der erste Traum des Pharaos
Die sieben schönen, wohlgenährten Kühe stehen dafür, dass
sieben gute Jahre kommen werden.
Die sieben dürren, hässlichen Kühe bedeuten:
Es wird danach sieben magere Jahre geben.
Der zweite Traum des Pharaos
Die sieben dicken Ähren bedeuten:
Es stehen sieben gute Jahre bevor.
Die sieben dünnen, leeren Ähren kündigen an, dass
sieben magere Jahre folgen werden.
Beschlossene Sache
Beide Träume des Pharaos bedeuten also dasselbe.
Dass der Pharao zwei Träume hatte, heißt,
dass Gott die Sache fest beschlossen hat.

Traumdeuter

In der Lektüre wird deutlich, dass Träumen eine besondere Bedeutung beigemessen wurde. Heute ist klar, dass der Mensch im Traum die Geschehnisse des Alltags verarbeitet. Damals sah man in ihnen Botschaften Gottes. Die Schüler erfahren in einem Sachtext etwas zum geschichtlichen Hintergrund. Sie streichen falsche Begriffe durch und tragen zur Selbstkontrolle das Lösungswort ein. Anschließend sind sie in der Lage, das Besondere an Josefs Traumdeutung zu erkennen.

Lösung

Aufgaben 1 und 2:
In Träumen sah man Gottesbotschaften, die entschlüsselt werden mussten.

Aufgabe 3:
„Nur Gott allein weiß, was ein Traum bedeutet."
„Aber vielleicht wird Gott es mir erklären."

Aufgabe 4:
Josef ist im Gegensatz zu den gelehrten Traumdeutern Ägyptens ein einfacher Hirte (noch dazu ein Gefangener). Er ist nicht hochangesehen. Er selbst hält sich für nichts Besonderes. Er vertraut auf Gott und sieht sich nur als dessen Sprachrohr.

Josefs Gewand (2)

Josef erhält für den Besuch beim Pharao ein neues Gewand, das der oberste Herrscher schließlich mit Siegelring und goldener Amtskette vervollständigt. In Analogie zur Kopiervorlage „Josefs Gewand (1)" von Seite 21, wo die Schüler herausfinden mussten, was zum Ärger der Brüder führte, suchen die Schüler jetzt die Punkte heraus, die zentral für Josefs Ernennung zum Unterkönig sind. Sprechen Sie über die Sätze und klären Sie gegebenenfalls gemeinsam unbekannte Begriffe. Wieder gestalten die Kinder Josefs Gewand. So symbolisieren die beiden Gewänder Josefs Lebensweg: vom Hirten und Liebling des Vaters, der den Neid seiner Brüder heraufbeschwört, zum weisen Berater des Pharaos und Wesir von Ägypten.

Lösung

Aufgabe 1:
~~Josef ist ratlos.~~ – Josef deutet Träume. – Josef ist ein Sprachrohr Gottes. – ~~Josef ist überheblich.~~ – Josef hat eine besondere Verbindung zu Gott. – ~~Josef ist eingebildet.~~ – ~~Josef ist respektlos.~~ – Josef ist respektvoll. – Josef ist ein guter Zuhörer. – ~~Josef ist ein schlechter Zuhörer.~~ – Josef ist klug.

Aufgabe 3:
Mögliche Überschrift: Josef als Unterkönig

Darin bin ich spitze

Mit Interviewfragen werden sich die Kinder ihrer eigenen Talente oder guter Taten bewusst. Jeweils zwei Schüler befragen sich gegenseitig und notieren die Antworten des anderen. Es können auch Fragen offen bleiben. Sind alle fertig, stellen die Zweiergruppen ihre Ergebnisse der Klasse vor. Diskutieren Sie die abschließende Frage gemeinsam: Die Kinder erkennen, dass niemand besser oder schlechter ist als andere, nur weil er etwas besonders gut kann. Heben Sie noch einmal hervor, dass auch Josef sich nicht als etwas Besonderes sieht.

KV Seite 38

Vertrauen

Das Vertrauen von Josefs Bruder Simeon und das von seinem Vater Jakob wird auf eine harte Probe gestellt. Die Schüler schreiben auf, worauf Simeon und Jakob vertrauen müssen. Vertrauen fällt nicht immer leicht. Auch die beiden Männer haben dabei bestimmt ihre Schwierigkeiten. Die Schüler setzen sich damit auseinander, indem sie eine kurze, verständnisvolle Nachricht an einen der beiden verfassen. Sie können die Nachricht mit ihrem Namen unterschreiben.

Beispiellösung

Aufgabe 1:
Simeon: „Ich muss darauf vertrauen, dass meine Brüder Benjamin herbringen."
Jakob: „Ich muss darauf vertrauen, dass Benjamin auf der Reise nichts geschieht."

Aufgabe 2:
Lieber Simeon, bestimmt ist es dir nicht leichtgefallen zu vertrauen, weil du Angst hattest, dein Leben zu verlieren. Außerdem wusstest du, was deine Brüder mit Josef angestellt hatten.
Lieber Jakob, bestimmt ist es dir nicht leichtgefallen zu vertrauen, weil du Angst hattest, Benjamin auch noch zu verlieren, so wie du Josef verloren hast.

Vertrauen ist wie …

Anhand des Arbeitsblatts machen sich die Schüler Gedanken darüber, was Vertrauen ist und was für sie persönlich Vertrauen bedeutet. Sprechen Sie über die erste Aufgabe: Was unterscheidet die erste und dritte Situation von der zweiten? Wer muss hier wem vertrauen? Danach dürfen die Schüler kreativ werden und Vertrauen bildlich darstellen oder mit Worten umschreiben. Anschließend notieren sie Eigenschaften, die grundlegend dafür sind, dass sie jemandem vertrauen können.

Beispiellösung

Aufgabe 1:
Diese Situationen erfordern Vertrauen:
Marla geht heute mit ihrem Schwimmlehrer zum ersten Mal ins tiefe Wasser. (Marla muss ihrem Schwimmlehrer vertrauen, dass er sie hält, wenn sie es nicht allein schafft.)
Sina verrät Felix ein Geheimnis. Niemand sonst darf es erfahren. (Sina muss Felix vertrauen, dass er ihr Geheimnis nicht verrät.)

Aufgabe 3:
ist ehrlich; hat Interesse an dem, was ich tue; ist verlässlich; kann Geheimnisse bewahren; kann zuhören

10. und 11. Kapitel: **Wieder vereint**

Inhalt

Voller Freude über die Rückkehr seiner Brüder mit Benjamin richtet Josef ein Festmahl aus. Die Brüder befürchten Schlimmes, als sie in den Palast gerufen werden. Sie wundern sich über die Einladung zum Essen und das Verhalten des Wesirs, der sie auch noch in der Reihenfolge ihres Alters Platz nehmen lässt.

Um seine Brüder ein letztes Mal auf die Probe zu stellen, lässt Josef deren Säcke wieder mit Korn befüllen und in Benjamins Sack einen wertvollen Silberbecher legen. Als die Brüder die Heimreise antreten, finden die Soldaten den Becher bei Benjamin und nehmen ihn fest. Verzweifelt kämpfen die übrigen Brüder für Benjamin. Schließlich gibt Josef sich zu erkennen und verzeiht ihnen. Jakob kommt auf Josefs Bitte hin mit der ganzen Familie nach Ägypten und lebt dort bis zu seinem Tod.

Gesprächs- und Schreibanlässe

Josef gibt sich seinen Brüdern bei deren Rückkehr mit Benjamin noch immer nicht zu erkennen.
- Warum nicht?
- Verstehst du sein Verhalten? Begründe deine Antwort.

Josef lädt seine Brüder zu einem Festmahl ein.
- Welchen Grund hat Josef dafür?
- Was hat Freude mit Essen zu tun?

Josef muss vor Freude weinen, als er Benjamin sieht.
- Hast du eine Erklärung dafür?
- Warum will Josef nicht, dass die Brüder seine Tränen bemerken?
- Hast du auch schon einmal vor Freude geweint?

Josef lässt einen Silberbecher in Benjamins Getreidesack verstecken.
- Was will Josef damit erreichen?

- Wie reagieren die Brüder auf Benjamins Festnahme? Was ist jetzt anders als zu Beginn der Geschichte, als es um Josef und seine Brüder ging?

Josef gibt sich seinen Brüdern schließlich zu erkennen und sagt, dass er ihnen verziehen hat.

- Wie fühlt sich das wohl für die Brüder an?
- Wie fühlt es sich für dich an, wenn jemand dir verzeiht?
- Ist es schwer, jemandem zu verzeihen? Begründe deine Meinung.
- Woran merken die Brüder, dass Josef es ernst meint mit dem Verzeihen?

Hinweise zu den Kopiervorlagen

Viele Fragen
Lesen Sie zusammen das 10. Kapitel. In Partnerarbeit beantworten die Schüler dann Fragen dazu und prüfen so ihre Textkenntnis. Als Hilfestellung können die entsprechenden Stellen zuvor in der Lektüre unterstrichen werden.

Beispiellösung

1. Die Brüder haben Angst und sind unsicher. Sie befürchten, dass man sie festnehmen und zu Sklaven machen will.
2. Sie sprechen mit dem Verwalter und erklären ihm den Vorfall mit dem Geld.
3. Der Verwalter sagt, dass er das Geld erhalten habe, und bringt Simeon wieder zu ihnen. Er führt sie in den Speiseraum.
4. Josef freut sich sehr und muss sogar weinen.
5. In der Reihenfolge ihres Alters.
6. Josef sieht ganz anders aus. / Josef ist nun ein mächtiger Mann. / Josef verhält sich ganz anders als damals.

Weiterführende Anregung
Die Kinder überlegen, wie sie Freude ausdrücken: lachen, jubeln, Danke sagen. Sicher spielen mit zunehmender Handy- und Internetnutzung auch Emojis und Smileys eine große Rolle. Lassen Sie die Schüler verschiedene freudige Smileys malen.

Alles wird gut
Das Arbeitsblatt dient dem Textverständnis des 11. Kapitels. Die Schüler kreuzen jeweils das richtige Satzende an. Die Buchstaben dahinter ergeben das Lösungswort, das zur Selbstkontrolle dient. Der zweite Auftrag bietet sich als Hausaufgabe an. Es kann auch diskutiert werden, welche Gründe zum Zwist führen können.

Lösung
Lösungswort: VERGEBUNG

Vergebung feiern
Die Schüler bearbeiten einen Lückentext zum Thema „Vergebung" und setzen sich dann sprachlich und emotional damit auseinander. Sie können Denkanstöße geben, indem Sie beispielsweise fragen: Wie fühlst du dich, wenn du dich versöhnen möchtest oder wenn du jemandem vergibst? Was tust du dann?

Werden Sie abschließend kreativ und lassen Sie die Kinder eine Versöhnungsfeier planen. So kann die Versöhnung von Josef und seinen Brüdern oder eine Versöhnung unter Freunden / Klassenkameraden in der Klasse gefeiert werden. Notieren Sie gemeinsam, was man alles für ein gelungenes Fest braucht (z. B. Getränke, Essen, Musik, Spiele).

Lösung
Aufgabe 1:
Jeder hat schon einmal etwas getan, was er später bereut hat. Eine Dummheit, etwas Unbedachtes, etwas, was andere Menschen verletzt hat. Solche Dinge wollen wir zurücknehmen. Wir wollen, dass uns der andere verzeiht. Deshalb bitten wir um Vergebung und reichen dem anderen die Hand. Es ist schön, wenn unsere Entschuldigung angenommen wird. Dann können wir miteinander lachen, uns in die Arme schließen und uns wieder vertrauen. Wir vergeben einander, um uns zu versöhnen. Menschen können Vergebung feiern. So wie Josef und seine Brüder.

Aufgabe 2:
Folgendes kann auf die Kuchenstücke geschrieben werden: dankbar sein, sich entschuldigen, lachen, miteinander reden, die Hand reichen, umarmen, verzeihen, weinen

Nach der Lektüre

Hinweise zu den Kopiervorlagen

KV Seite 43

Unsere Zeitreise – der Rückweg
Lesen Sie den zweiten Teil der Fantasiereise vor, um die Lektüre abzuschließen. Stellen Sie dann die Fragen unten auf dem Arbeitsblatt. Die Schüler reflektieren so ihren Eindruck von der Lektüre und lernen, eine eigene Meinung zu bilden. Vielleicht ist die Neugier auf eine weitere Erzählung geweckt, die in längst vergangener Zeit spielt?

Das Josef-Merkspiel
Mit diesem Spiel festigen die Schüler ihr Wissen über die Josefsgeschichte. Die Kärtchen werden kopiert, gegebenenfalls laminiert und dann ausgeschnitten. Es bietet sich an, die Frage- und Antwortkarten auf verschiedenfarbiges Tonpapier zu kleben. Das erleichtert die Suche. Zum Spielen werden die Kärtchen gemischt und ausgelegt. Die Schüler drehen immer ein Kärtchen von jeder Farbe mit dem Ziel um, ein Paar zu finden. Passen beide Karten zusammen, nehmen die Schüler diese zu sich und suchen weiter. Handelt es sich nicht um ein Paar, werden die Kärtchen wieder umgedreht und der nächste Spieler ist an der Reihe. Wer die meisten Karten gesammelt hat, gewinnt.

Alternativ lassen sich die Kärtchen als Quiz verwenden: Die Antworten werden dann auf die Rückseite der Fragen geklebt. Die Kärtchen liegen mit der Frage nach oben auf einem Stapel. Zwei Schüler befragen sich gegenseitig.

Josefs Weg (Würfelspiel)
In dem Würfelspiel setzen sich die Kinder mit dem gesamten Buch auseinander. Kopieren Sie die Hälften des Spielplans (Seite 46/47). Die Kinder kleben sie auf einen dünnen Pappkarton und gestalten sie farbig. Um eine bessere Haltbarkeit zu gewährleisten, können Sie den Spielplan alternativ laminieren. Die Karten werden kopiert, laminiert und ausgeschnitten. Die Wenn-Dann-Karten und die Gefühlskarten werden jeweils gemischt und verdeckt auf die entsprechenden Felder des Plans gelegt. Jeder Mitspieler stellt eine Spielfigur auf das Startfeld. Es wird reihum gewürfelt. Wer eine Eins würfelt, beginnt. Landet ein Spieler auf einem Kartenfeld, zieht sein linker Nachbar eine entsprechende Karte und liest die Frage vor. Wer die Karte richtig beantworten kann, darf zwei Felder vor gehen. Bei der Lösung der Wenn-Dann-Karten können die Kästen auf dem Spielplan helfen. Die Antworten auf den Wenn-Dann- und den Gefühlskarten dienen als Beispiel, da mehrere Antworten möglich sind. Ob auch die genannte Antwort passend war, entscheiden die Mitspieler gemeinsam. Sieger ist, wer als Erster im Ziel ist.

Weitere Unterrichtsvorschläge

- Die Schüler schreiben einen kurzen Brief an Josef. In diesem schildern sie, was sie von ihm lernen können. Es dürfen auch Fragen an ihn enthalten sein. Wer möchte, liest seinen Brief der Klasse vor.
- Die Schüler spielen ein Rollenspiel und agieren gemeinsam in einer Radiosendung, die in einer Sondersendung live von der Versöhnung des mächtigen Josef aus Ägypten mit seinen Brüdern berichtet. Folgende Rollen können dabei vergeben werden: zwei Radiomoderatoren, Interviewpartner, wie Josef, seine Brüder, Jakob, Gäste der Versöhnungsfeier und verschiedene Experten (z. B. Traumdeuter oder Beamte). Die Moderatoren überlegen sich im Vorfeld Fragen an die verschiedenen Personen und Personengruppen und notieren diese. Zudem überlegen sie sich einen einleitenden Text, der den Zuhörern die Situation kurz erklärt. Solch ein Text kann von der gesamten Klasse geschrieben werden.
- Die Schüler entwerfen Plakate mit zur Versöhnung passenden Schlagzeilen. Dabei kommen verschiedene Schriften zum Einsatz. Die Plakate können von Hand oder mithilfe eines Textverarbeitungsprogramms an Laptop bzw. PC geschrieben werden.

Unsere Zeitreise – der Hinweg

Bevor unsere Reise losgehen kann, benötigt jeder einen Schutzanzug. Wir stellen uns vor, wie wir ihn anziehen: Wir steigen in beide Hosenbeine, erst in das rechte und dann in das linke. Dann ziehen wir den Anzug hoch. Wir streifen ihn über unseren rechten Arm und dann über den linken. Zuletzt schließen wir den Reißverschluss. Damit keinem schlecht wird, nehmen wir lieber mal eine Tablette gegen Reiseübelkeit. Dann setzen wir den Kopfschutz auf. Jetzt sehen wir ziemlich außerirdisch aus. So richtig gut bewegen kann man sich auch nicht in diesem Anzug, oder? Versuch es mal! Wir atmen noch einmal tief ein und aus, bevor das Abenteuer beginnt, und wünschen uns eine gute Reise.

Jetzt darfst du dich ganz gemütlich hinsetzen, den Kopf auf deine Arme legen und die Augen schließen.

Es wird ernst: Wir begeben uns auf Zeitreise! Stell dir vor, du stehst auf und gehst mit den anderen aus dem Klassenzimmer, durch den Gang, hinaus auf den Schulhof. Kaum bist du aus der Tür, da siehst du sie auch schon: die Zeitmaschine. Dein Herz klopft ganz schnell, weil du jetzt doch ein bisschen aufgeregt bist. Aber du bist mutig, gibst dir einen Ruck und steigst mit den anderen ein. Die Tür schließt sich automatisch mit einem Zischen. Bist du bereit? Dann strecke einmal kurz den Daumen hoch. Und nicht erschrecken – es könnte ein bisschen laut werden, wenn die Maschine gleich startet. In der Kapsel entdeckst du eine große Uhr mit vielen Zahlen. So viele hast du noch nie auf einer Uhr gesehen. Du siehst, wie die Zeiger der Uhr beginnen, sich rückwärts zu bewegen. Sie drehen sich erst langsam, dann immer schneller und schneller …
(An dieser Stelle einen Zeitmaschinensoundeffekt abspielen.)
Jetzt ist es ganz still in der Zeitmaschine. Du schaust zu den anderen. Du siehst in erleichterte Gesichter. Dann blickst du erneut auf die Uhr. Der Zeiger steht auf einer großen Zahl. Einer vierstelligen Zahl! Bist du wirklich mehrere Tausend Jahre in die Vergangenheit gereist? Während du noch darüber nachdenkst, öffnet sich die Tür der Zeitmaschine. Zusammen mit den anderen steigst du aus. Die Luft flimmert. Der Boden staubt. Die Sonne brennt vom Himmel.
(Jetzt orientalische Musik abspielen.)
Du schaust dich um. Du siehst Palmen und andere Pflanzen, die du noch nie zuvor gesehen hast.
Dort drüben – ist das etwa …? Ja, tatsächlich: ein Kamel! Und da! Da reitet einer auf einem Esel.

Du darfst jetzt deine Augen öffnen und aufstehen, denn ich glaube, wir müssen uns einmal recken und strecken und den Schutzanzug ausziehen. Lege den Anzug zur Seite. Wir werden ihn brauchen, wenn wir später wieder zurück in unsere Zeit reisen.

Name:

lesen **schreiben** sprechen malen/basteln rätseln

Mein Reisetagebuch

Fülle dein Reisetagebuch nach jeder Etappe aus.

Datum	Das ist passiert	Das muss ich mir merken

Mit Josef unterwegs

Schneide jeweils einen Pfeil aus, wenn du ein neues Kapitel gelesen hast. Überlege: Wie erging es Josef? Führte sein Weg nach oben, nach unten oder unverändert geradeaus? Klebe den Pfeil passend auf.

1. Kapitel	2. Kapitel	3. Kapitel	4. Kapitel	5. Kapitel	6. Kapitel	7. Kapitel	8. Kapitel	9. Kapitel	10. Kapitel	11. Kapitel

Name:

lesen **schreiben** sprechen malen/basteln rätseln

Josefs Familie

Lies den Text aufmerksam durch.

Josef hatte elf Brüder. Ihr gemeinsamer Vater hieß Jakob. Weil es damals üblich war, dass ein Mann mehrere Frauen hatte, hatten die Brüder verschiedene Mütter. Lea war die Mutter von Ruben, Simeon, Levi, Juda, Issachar und Sebulon. Mit der Magd Bilha hatte Jakob zwei Kinder, nämlich Dan und Naftali. Silpa, die auch eine Magd war, gebar Jakob ebenfalls zwei Söhne: Gad und Ascher. Die Kinder von Jakob und seiner Frau Rachel hießen Josef und Benjamin.

Trage alle Namen richtig in den Stammbaum ein.

Jakob

Lea

Ruben

Name:

lesen schreiben sprechen malen/basteln rätseln

Josef, ein Nomadenkind

Lies den Text.

Josef lebte im Land Kanaan und war ein Nomade. Das bedeutet: Er und seine große Familie hatten keinen festen Wohnsitz. Sie zogen mit Zelten umher. Dabei waren sie immer auf der Suche nach Futter und Wasserstellen für die Tiere. Abends machten sie vor den Zelten ein großes Feuer. Dieses hielt sie warm und wilde Tiere fern.

Schreibe in eigenen Worten auf, was Nomaden sind.

____

____

____

Folge dem Pfeilpfad vom Zelt bis zur Wasserstelle. Trage die Buchstaben, die nacheinander auf deinem Pfad liegen, unten ein. Wenn es der richtige Pfad ist, weißt du, wie sich Nomaden orientierten.

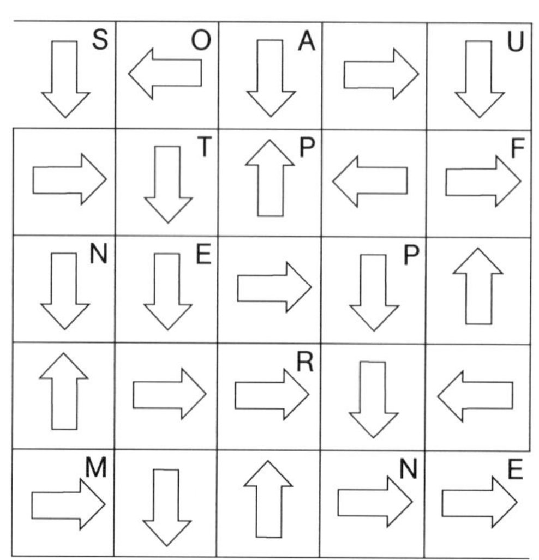

Die Nomaden orientierten sich mithilfe der Sonne und der ___ ___ ___ ___ ___ ___.

Name: ____________________

lesen **schreiben** sprechen **malen/basteln** **rätseln**

Josefs Gewand (1)

Die Brüder ärgern sich über Josef, weil er vom Vater als Einziger ein besonders kostbares Gewand geschenkt bekommt.

Was halten die Brüder noch von Josef? Die fett gedruckten Wörter verraten es dir. Schreibe sie richtig auf die Linien neben Josef.

Lies die fett gedruckten Wörter von rechts nach links.

1. Die Brüder sind eifersüchtig, weil Josef Jakobs **nhossgnilbeiL** ist.
2. Außerdem sind sie neidisch, weil er ein **mrawhcsnehcdäM** ist. Die Mädchen bewundern ihn.
3. Josef verrät die Brüder an den Vater. Sie finden, er ist eine **ezteP**.
4. Seine Brüder halten Josef für einen **rebegnA**.
5. Durch den **remuärT** Josef fühlen sich die Brüder beleidigt.

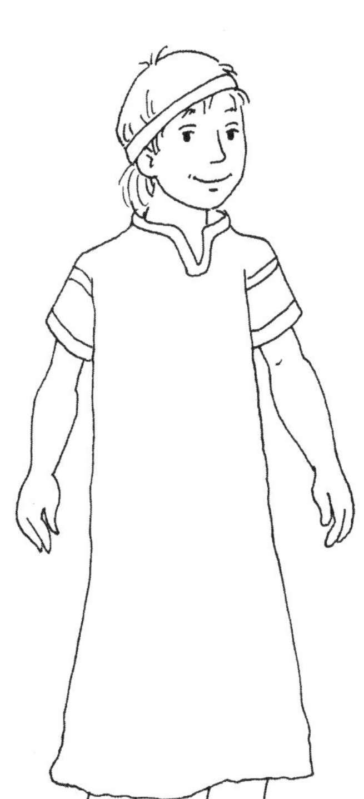

1. ____________________

2. ____________________

3. ____________________

4. ____________________

5. ____________________

Verziere das Gewand mit einem bunten Muster.

Name:

lesen schreiben sprechen malen/basteln rätseln

Paula platzt vor Neid

Lies die Geschichte.

Paula sitzt mit ihrer Familie beim Abendessen. Paulas Schwester Emma erzählt von ihrer Eins in Mathe. Die Eltern sind mächtig stolz auf sie. Der Vater verspricht Emma sogar zusätzliches Taschengeld und die Mutter hält das Blatt mit der Eins vor Paulas Nase: „Schau, Paula! Nimm dir ein Beispiel an deiner Schwester. Wenn du nur auch so gute Noten schreiben würdest …“

Paula presst fest ihre Lippen aufeinander. Jetzt nur nicht heulen, denkt sie verzweifelt. Sie hat heute eine Drei in Deutsch bekommen, aber das interessiert ja keinen. Was ist schon eine Drei im Vergleich mit Emmas Eins! Dabei hat Paula so viel gelernt und sich um eine ganze Note verbessert.

„Ja, Schwesterchen, nimm dir ruhig mal ein Beispiel an mir“, sagt Emma und grinst zu ihr herüber.

Paula muss sich zusammenreißen, um ihr nicht die Tomatensoße ins Gesicht zu kippen.

Während des restlichen Essens unterhalten sich die Eltern nur noch mit Emma. Sie strahlen um die Wette und platzen fast vor Stolz. Da platzt Paula vor Neid.

Woran erkennst du, dass Paula neidisch ist? Sprecht darüber.

„Da platzt Paula vor Neid“, heißt es in der Geschichte. Was genau könnte an dieser Stelle wohl passieren? Schreibe auf.

___

___

___

___

Findest du es gut, wie sich die Familienmitglieder verhalten? Wer sollte was anders machen? Sprecht darüber.

Name:

lesen schreiben sprechen malen/basteln **rätseln**

Gut zu Fuß

Von wo nach wo läuft Josef, um seine Brüder zu suchen? Markiere die beiden Orte auf der Karte.

Lies auf Seite 14 nach.

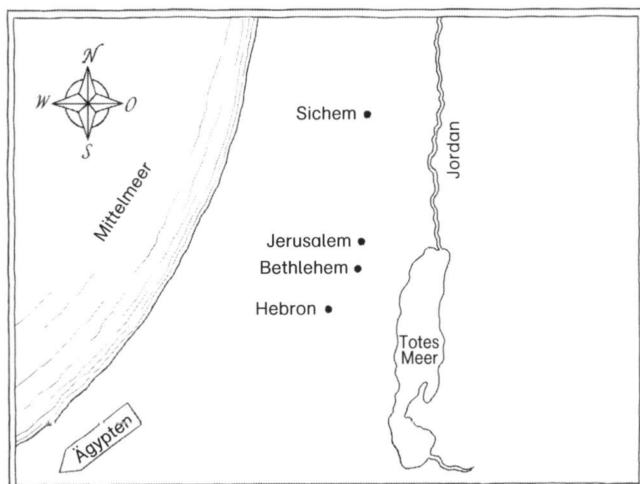

Schätze, wie lange Josef für diesen Weg zu Fuß gebraucht hat. Trage deine Schätzung ein.

Ich glaube, Josef war  Stunden unterwegs.

Finde mithilfe des Internets heraus, wie weit Josef von Hebron nach Sichem laufen musste und wie lange er dafür tatsächlich unterwegs war.

Tipp: Sichem heißt heute Nablus.

Von Hebron nach Sichem war Josef ungefähr  Kilometer unterwegs.

Zu Fuß brauchte er dafür etwa  Stunden.

Josef findet seine Brüder in einer Ebene im Jordantal. Spure den Fluss in der Karte blau nach.

Name:

lesen **schreiben** sprechen malen/basteln rätseln

Stopp!

Josefs Brüder haben vor, ihren jüngeren Bruder in einen Brunnen zu werfen – ein schrecklicher Racheplan.

Stell dir vor, du wärst in dieser Situation dabei. Was würdest du den Brüdern sagen, um sie von ihrem Vorhaben abzubringen? Schreibe auf.

Schreibe auf die Linien um die Hand, was man für solch ein Eingreifen benötigt. Streiche unpassende Begriffe durch.

Furchtlosigkeit | Zivilcourage | gutes Aussehen | Ängstlichkeit

Mut | Reichtum | Beherztheit | Selbstbewusstsein

Name:

lesen **schreiben** **sprechen** malen/basteln rätseln

Ausgegrenzt

Lies die Sätze. Überlege, aus welchen Gründen die Kinder ausgegrenzt werden. Verbinde, was zusammenpasst.

1. Jonas ist ein guter Schüler. Von Lina wird er deshalb gehänselt. •
2. Arne findet, wer so dunkle Haut wie Danyo hat, kann nicht den Josef in der Weihnachtsgeschichte spielen. •
3. Lisas Eltern sind arbeitslos. Manche Mädchen spotten über ihre abgetragene Kleidung. •
4. Leo sitzt im Rollstuhl. Einige Jungen rufen ihm deshalb blöde Kommentare zu. •
5. Samra trägt ein Kopftuch. Manchmal machen sich Mitschüler darüber lustig. •
6. Timo liebt es, Ballett zu tanzen. Von seinen Freunden wird er deshalb ausgelacht. •

- • Armut
- • Behinderung
- • Religion
- • Hautfarbe
- • Geschlecht
- • Eifersucht

Wie kannst du helfen? Suche dir ein Kind aus den Beispielen aus. Überlege dir, was du zu denen, die das Kind ausgrenzen, sagen kannst.

Name des Kindes: ______________________

Das würde ich sagen: „____

____

____“

Sprecht auch über die anderen Fälle von Ausgrenzung. Was könnt ihr sagen, um den Kindern zu helfen?

Name:

lesen **schreiben** **sprechen** **malen / basteln** rätseln

Meine Gefühlsampel

Josef ist glücklich darüber, seine Brüder wohlbehalten zu finden. Als er jedoch merkt, wie feindlich sie ihm gesinnt sind, geht es ihm nicht mehr gut. Seine Gefühlsampel springt von Grün auf Rot.

Wie sieht deine Gefühlsampel aus? Ergänze die Sätze. Die Beispiele im Kasten können dir helfen. Male dann jeweils den entsprechenden Ampelkreis farbig aus.

nicht so gut — Ich bin locker. — Mein Bauch grummelt. — gut — Ich balle meine Hände zu Fäusten. — Ich bin angespannt. — Ich ärgere mich. — wütend — schlecht — Ich bin entspannt. — Ich stottere. — Mein Herz klopft schneller.

Steht meine Gefühlsampel auf Grün, fühle ich mich ______________.

Das merke ich so an mir: ______________________________

____

Steht meine Gefühlsampel auf Gelb, fühle ich mich ______________.

Das merke ich so an mir: ______________________________

____

Steht meine Gefühlsampel auf Rot, fühle ich mich ______________.

Das merke ich so an mir: ______________________________

____

Welche Farbe zeigt die Gefühlsampel der Brüder: Grün, Gelb oder Rot? Sprecht darüber.

Name: ______________________________ lesen **schreiben** sprechen malen / basteln **rätseln**

Zwei Seiten

Im Gitterrätsel sind acht Adjektive versteckt, die beschreiben, wie sich Josef fühlt und wie sich seine Brüder fühlen.

C	V	E	R	L	E	T	Z	T	H	A	X	V	H
A	C	Z	A	W	W	X	X	A	T	X	W	I	I
R	R	A	C	H	S	Ü	C	H	T	I	G	T	L
Z	C	W	X	A	G	U	W	F	D	K	L	E	F
W	W	Ä	N	G	S	T	L	I	C	H	T	W	L
Ü	B	K	O	U	T	R	J	E	R	N	W	S	O
T	T	X	G	X	P	A	P	X	T	X	W	V	S
E	W	U	U	B	M	U	M	K	C	S	H	P	S
N	R	R	P	T	E	R	D	W	M	I	Z	V	B
D	E	Z	U	F	R	I	E	D	E	N	T	V	P
E	S	I	S	Z	H	G	P	U	W	B	W	A	P
H	P	P	T	X	I	P	P	U	T	P	P	T	A
A	N	G	R	I	F	F	S	L	U	S	T	I	G

Welche Begriffe treffen auf Josef zu, welche auf seine Brüder? Schreibe die Wörter in die richtige Spalte.

Josef	Josefs Brüder

Name:

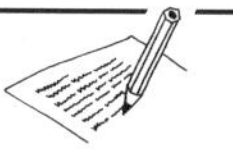

lesen **schreiben** sprechen malen/basteln rätseln

Sag mal, Ruben …

Ruben hat Mitleid mit Josef und will ihn aus dem Brunnen befreien. Als er zu spät kommt, schweigt er jedoch und erzählt auch dem Vater nichts von der Tat seiner Brüder.

Welche Gründe könnte Ruben dafür gehabt haben, seinem Vater die Wahrheit zu verschweigen? Schreibe seine Antwort in die Sprechblase.

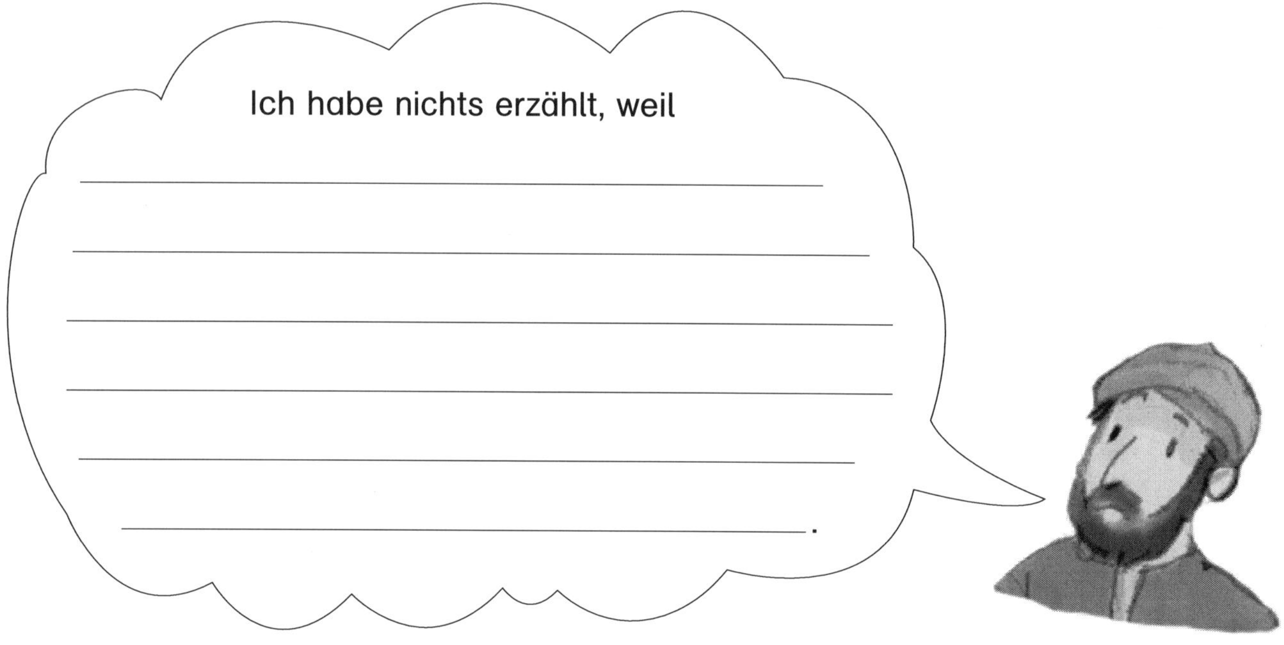

Wie findest du es, dass Ruben seinem Vater nichts gesagt hat? Begründe deine Meinung. Kreuze an und schreibe auf.

Ich finde es … ☐ gut.

☐ nicht gut.

Begründung: ______________________________

Name:

lesen **schreiben** **sprechen** malen/basteln rätseln

Manchmal muss man petzen

Lies die Texte. Umrande die Fälle rot, bei denen deiner Meinung nach auf jeden Fall ein Erwachsener eingeweiht werden sollte.

1. Als Jakob in der Nacht aufwacht, beobachtet er, wie sein großer Bruder eine Tasche packt.
„Ich hau ab!", flüstert dieser Jakob zu. „Aber wehe, du sagst ein Wort zu irgendwem."

2. Tinas Schwester nimmt sich eine Schmerztablette aus der Hausapotheke. „Ich hab ganz schlimme Ohrenschmerzen", vertraut sie Tina an. „Bitte sag aber nichts Mama und Papa, sonst lassen sie mich nicht zum Schwimmfest."

3. Pauls Bruder wird in der Schule gemobbt. Heute hat Paul gesehen, wie ein paar Jungen ihn in eine Pfütze geschubst haben. Pauls Bruder erzählt der Mutter später, er sei ausgerutscht.

4. Charlottes Zwillingsschwester hat von der Lehrerin Ärger bekommen. Die Lehrerin kündigt an, dass sie beim nächsten Mal die Mutter anrufen wird.

5. Elias sieht, wie sein Bruder fünf Euro aus der Geldbörse ihres Vaters stiehlt.

6. Lena sieht, wie ihr großer Bruder sich im Schuppen hinter dem Haus eine Zigarette anzündet.

Sprecht über eure Entscheidung.

Finde selbst ein Beispiel für eine Situation, in der man nicht petzen muss, und für eine, in der man auf jeden Fall Bescheid sagen sollte. Schreibe sie in dein Heft.

Name:

lesen schreiben sprechen malen/basteln rätseln

Das Alte Ägypten

Lies den Text.

Im Alten Ägypten stand der Pharao an der Spitze der Gesellschaft. Er galt als Sohn der Götter, an die die Ägypter glaubten. Er bestimmte, was getan oder nicht getan wurde. Unter dem Pharao stand der Wesir, der Unterkönig. Der Wesir war der Chef der Beamten. Er handelte im Namen des Pharaos. Diesem musste er all das berichten, was im Herrschaftsgebiet passierte. Priester standen auf derselben Stufe wie der Wesir. Die dritte Schicht bildeten Beamte und Schreiber. Die Beamten hatten vor allem die Aufgabe, Steuern einzutreiben. Die Ausbildung der Schreiber dauerte viele Jahre, denn sie mussten die komplizierte Hieroglyphenschrift erlernen. Schreiber zu sein, war etwas Besonderes, denn nur wenige Menschen konnten damals schreiben und lesen. Unter den Beamten und Schreibern standen Bauern, Händler und Handwerker. Ganz unten kamen dann die Sklaven. Sie waren unfrei und bekamen keinen Lohn für ihre Arbeit.

Unterstreiche die Berufe und Standesbezeichnungen im Text und schreibe sie in die passende Schicht der Pyramide. Male die Schichten in unterschiedlichen Farben aus.

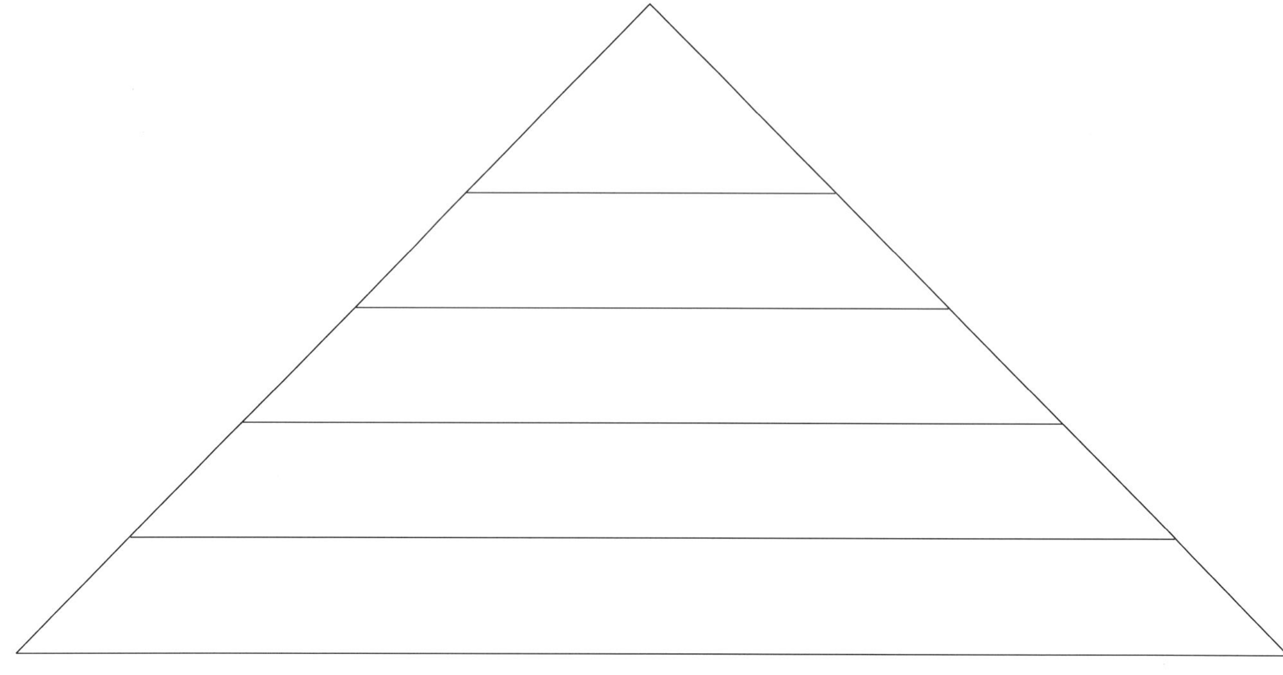

Name:

lesen schreiben sprechen malen/basteln rätseln

Josef und die Frau des Potifar

Bringe die Ereignisse in die richtige Reihenfolge und trage die Buchstaben unten in die Kästchen ein.

Lies im 6. Kapitel nach.

	A	Das gefiel Potifar, sodass er Josef zum Aufseher über sein Anwesen machte.
	H	Josef aber wollte das nicht. Er riss sich los und lief fort.
1.	R	Josef war nun Sklave im Haus des Potifar. Er war sehr fleißig und gab sich viel Mühe.
	E	Potifars Frau war wütend und gekränkt. Sie erzählte eine Lüge über Josef. Potifar ließ Josef daraufhin ins Gefängnis werfen.
	C	Die Frau des Potifar hatte ein Auge auf Josef geworfen und versuchte, ihn zu verführen.

Lösungswort:

1	2	3	4	5

Potifar glaubte Josef nicht. Hat auch dir schon einmal jemand nicht geglaubt, obwohl du die Wahrheit gesagt hast? Ergänze die Sätze.

Mir hat auch schon einmal jemand nicht geglaubt, als ______________________

____

____

____.

Da fühlte ich mich ______________________________

____.

Am liebsten ___________________________________

____.

Im Gefängnis

Schreibe auf die Mauersteine, was an Josefs Gefangenschaft zunächst nicht schön war. Male diese Steine hellgrau an.

Lies auf Seite 26 nach.

Schreibe auf andere Mauersteine, wie die Situation für Josef erträglicher wird. Male diese Steine gelb an.

Wie stellst du dir heutige Gefängnisse vor? Wie sieht eine Zelle aus? Was gibt es zu essen? Darf man sich frei bewegen? Schreibe Stichworte auf.

Name:

lesen **schreiben** **sprechen** malen/basteln rätseln

Mauern um mich

Auch wir können uns manchmal eingesperrt fühlen, obwohl wir nicht im Gefängnis sitzen.

Lies die folgende Geschichte.

Luis ist neun Jahre alt und geht in die dritte Klasse. Wenn er von der Schule nach Hause kommt, isst er gemeinsam mit seiner Mutter und seinem kleinen Bruder zu Mittag. Danach erledigt Luis seine Hausaufgaben. Nachmittags hat er viele Termine: Montags und donnerstags geht er zum Fußballtraining, dienstags nimmt er Klavierunterricht, mittwochs bekommt er Mathenachhilfe und freitags hat er Schwimmtraining. Am Wochenende bestreitet er mit seinem Fußballteam oft ein Spiel. Außerdem findet manchmal ein Schwimmturnier statt. Seine Eltern sind sehr stolz auf Luis. Aber Luis fühlt sich oft gar nicht wohl. Manchmal fühlt er sich sogar richtig eingesperrt. Luis weiß nicht, wie er da herauskommen könnte.

Sprecht in der Klasse darüber, wodurch Luis sich eingesperrt fühlt. Überlegt, was Luis tun könnte, um etwas zu ändern.

Wodurch fühlst du dich manchmal eingesperrt? Wie geht es dir dabei? Schreibe auf.

Name:

lesen **schreiben** sprechen malen/basteln **rätseln**

Der Pharao hat geträumt

Schneide die Textbausteine aus und klebe sie in der richtigen Reihenfolge auf ein Blatt oder in dein Heft. Fülle dann die Lücken aus.

Lies auf den Seiten 32 und 33 nach.

✂

Der erste Traum des Pharaos

Die sieben ____________, hässlichen Kühe bedeuten:

Es wird danach ____________ magere Jahre geben.

sieben gute ________ kommen werden.

Die sieben schönen, ________________________ Kühe stehen dafür, dass

Der zweite Traum des Pharaos

Die sieben ____________ Ähren bedeuten:

Es stehen sieben _______ Jahre bevor.

sieben ____________ Jahre folgen werden.

Die sieben dünnen, leeren __________ kündigen an, dass

Beschlossene Sache

Beide ____________ des Pharaos bedeuten also dasselbe.

dass Gott die Sache fest ___________________ hat.

Dass der ____________ zwei Träume hatte, heißt,

Traumdeuter

Lies den Text. Streiche die falschen fett gedruckten Begriffe durch.

Träumen wurde **schon immer (Got) / noch nie (Alt)** eine besondere Bedeutung beigemessen. Im **Alten Ägypten (tes) / modernen Amerika (fin)** erreichte die Kunst der Traumdeutung jedoch einen Höhepunkt. Traumdeuter waren **angesehene (bot) / verachtete (tec)** Leute, die die Gabe besessen haben sollen, durch Träume die **Vergangenheit (ach) / Zukunft (sch)** vorherzusagen. Traumdeuter waren oft im ganzen Land bekannt. Sie mussten lange **studieren (af) / schlafen (ch)**, bevor sie die Kunst des Deutens ausüben durften. Die **Schätze (nke) / Träume (ten)** des Pharaos galten als etwas ganz Besonderes, da sie die Zukunft des Landes enthüllen sollten.

Die Buchstaben hinter den richtigen Begriffen ergeben ein Lösungswort. Trage es hier ein.

In Träumen sah man ________________________,
die entschlüsselt werden mussten.

Was sagt Josef über seine Kunst der Traumdeutung? Verbinde die Satzstücke, die zusammengehören.

„Nur Gott allein weiß, … •	• Gott es mir erklären."
„Aber vielleicht wird … •	• was ein Traum bedeutet."

Was unterscheidet also Josef von den angesehenen Traumdeutern Ägyptens? Sprecht darüber.

Name:

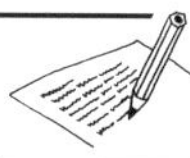

lesen **schreiben** sprechen **malen/basteln** rätseln

Josefs Gewand (2)

Schreibe neben Josef im neuen Gewand auf, was dazu führt, dass Josef Unterkönig von Ägypten wird. Streiche durch, was nicht passt.

Josef ist ratlos. – Josef deutet Träume. – Josef ist ein Sprachrohr Gottes.
Josef ist überheblich. – Josef hat eine besondere Verbindung zu Gott.
Josef ist eingebildet. – Josef ist respektlos. – Josef ist respektvoll.
Josef ist ein guter Zuhörer. – Josef ist ein schlechter Zuhörer. – Josef ist klug.

Male Josefs Gewand aus. Male Siegelring und Halskette dazu.

Finde eine passende Überschrift für deine Zeichnung. Schreibe sie auf das Band.

Name:

lesen **schreiben** **sprechen** malen/basteln rätseln

Darin bin ich spitze

Josef kann gut Träume deuten. Er hilft dem Pharao und Ägypten und vollbringt so eine gute Tat.

Interviewe deinen Partner. Schreibe die Antworten auf.

1. Was kannst du besonders gut? Die Beispiele können dir helfen.

zuhören | zeichnen | singen | tanzen | rechnen | geduldig sein

2. Magst du dein Talent? Warum oder warum nicht? Wenn nicht: Worin wärst du gern gut?

3. Hat dich schon einmal jemand für etwas, das du kannst oder getan hast, bewundert? Wie fühlte sich das an? Nenne ein Beispiel.

4. Wurdest du auch schon einmal um dein Talent beneidet oder dafür gehänselt? Wie fühlte sich das an? Nenne ein Beispiel.

Macht ein Talent jemanden zu einem besseren Menschen? Sprecht darüber.

Name: ____________

lesen **schreiben** sprechen malen/basteln rätseln

Vertrauen

Josef prüft seine Brüder: Er steckt Simeon ins Gefängnis, bis seine Geschwister mit Benjamin zurückkehren.

Worauf muss Simeon vertrauen? Worauf Jakob, der Benjamin nach Ägypten gehen lassen muss? Schreibe die Antworten auf.

Ich muss darauf vertrauen, dass

____

____.

Ich muss darauf vertrauen, dass

____

____.

Schreibe Simeon oder Jakob eine kurze Nachricht. Führe den Satz fort.

Lieber ____________,

bestimmt ist es dir nicht leichtgefallen zu vertrauen, weil ____________

____

____

____.

____

Name:

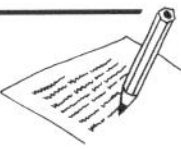

lesen **schreiben** sprechen **malen / basteln** rätseln

Vertrauen ist wie ...

Vertrauen ist wichtig, aber manchmal gar nicht so leicht.

Welche Situationen erfordern deiner Meinung nach Vertrauen? Male das Herz davor rot aus.

♡ Marla geht heute mit ihrem Schwimmlehrer zum ersten Mal ins tiefe Wasser.

♡ Jan erzählt seinem besten Freund, dass er gestern im Kino war.

♡ Sina verrät Felix ein Geheimnis. Niemand sonst darf es erfahren.

Male oder schreibe in den Bilderrahmen, wie Vertrauen für dich ist.

Wie sollte jemand sein, damit du ihm vertraust? Schreibe passende Eigenschaften auf.

Name:

lesen **schreiben** sprechen malen/basteln rätseln

Viele Fragen

Beantworte die Fragen mit deinem Partner.

Lies im 10. Kapitel nach.

1. Mit welchen Gefühlen reagieren die Brüder auf die Einladung zum Festmahl und was befürchten sie?

___

___

___

2. Was tun die Brüder daraufhin?

___

___

3. Wie reagiert der Verwalter?

___

___

___

4. Wie reagiert Josef, als er seine Brüder, besonders Benjamin, wiedersieht?

___

5. Wie sollen die Brüder am Tisch Platz nehmen?

___

6. Was meinst du: Warum erkennen die Brüder Josef seit der ersten Begegnung im Palast nicht?

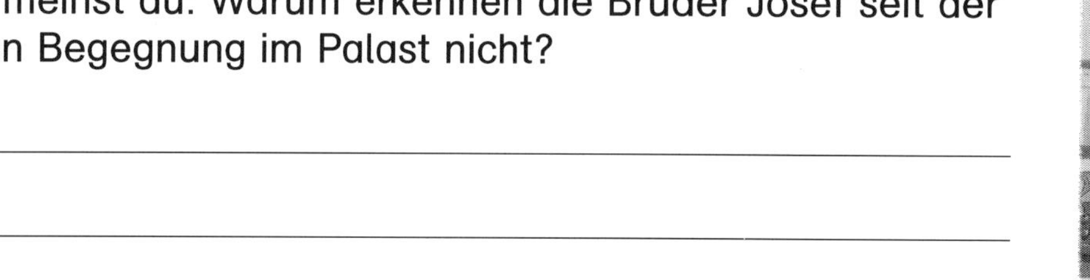

___

___

___

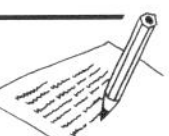

Name:

lesen schreiben sprechen malen/basteln rätseln

Alles wird gut

Kreuze immer das richtige Satzende an und trage die Buchstaben unten in die Kästchen ein.

Lies im 11. Kapitel nach.

1. Als die Brüder schlafen, lässt Josef in einem Getreidesack einen …
   - ☐ goldenen Trinkbecher verstecken. (S)
   - ☐ großen Trinkbecher verstecken. (E)
   - ☐ silbernen Trinkbecher verstecken. (V)

2. Josef will seine Brüder nämlich …
   - ☐ loswerden. (T)
   - ☐ auf die Probe stellen. (E)
   - ☐ ärgern. (W)

3. Soldaten finden den Becher in …
   - ☐ Benjamins Getreidesack. (R)
   - ☐ Simeons Tasche. (P)
   - ☐ Rubens Getreidesack. (I)

4. Benjamin ist ganz …
   - ☐ erleichtert. (K)
   - ☐ vergesslich. (B)
   - ☐ verzweifelt. (G)

5. Die Soldaten …
   - ☐ nehmen Benjamin fest. (E)
   - ☐ lassen Benjamin laufen. (C)
   - ☐ nehmen die Brüder fest. (A)

6. Die Brüder aber …
   - ☐ fliehen schnell. (I)
   - ☐ kämpfen um Benjamin. (B)
   - ☐ ärgern sich. (T)

7. Josef spürt, dass seine Brüder …
   - ☐ sich nicht gebessert haben. (A)
   - ☐ alt geworden sind. (P)
   - ☐ sich gebessert haben. (U)

8. Josef sagt:
   - ☐ „Ich bin Josef!“ (N)
   - ☐ „Ich bin euer Bruder!“ (D)
   - ☐ „Ich bin der Pharao!“ (O)

9. Josef und seine Brüder …
   - ☐ beginnen zu streiten. (V)
   - ☐ versöhnen sich. (G)
   - ☐ suchen Benjamin. (U)

Lösungswort:

1	2	3	4	5	6	7	8	9

Hast du dich auch schon einmal mit jemandem versöhnt? Was war vorgefallen? Schreibe in dein Heft.

Name:

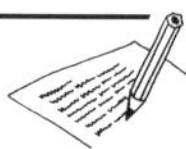

lesen **schreiben** sprechen malen/basteln rätseln

Vergebung feiern

Lies den Text und setze die Wörter passend ein.

verzeiht | Entschuldigung | zurücknehmen | Arme | Hand | Unbedachtes | bereut | Vergebung

Jeder hat schon einmal etwas getan, was er später ____________ hat. Eine Dummheit, etwas ____________________, etwas, was andere Menschen verletzt hat. Solche Dinge wollen wir ____________________. Wir wollen, dass uns der andere ________________. Deshalb bitten wir um Vergebung und reichen dem anderen die __________. Es ist schön, wenn unsere ____________________ angenommen wird. Dann können wir miteinander lachen, uns in die _________ schließen und uns wieder vertrauen. Wir vergeben einander, um uns zu versöhnen. Menschen können ____________________ feiern. So wie Josef und seine Brüder.

Viele Kleinigkeiten ergeben die Geste der Versöhnung. Beschrifte die einzelnen Kuchenstücke mit Begriffen, die für dich zum Vergeben gehören. Klebe sie in deinem Heft zu einem Kuchen zusammen.

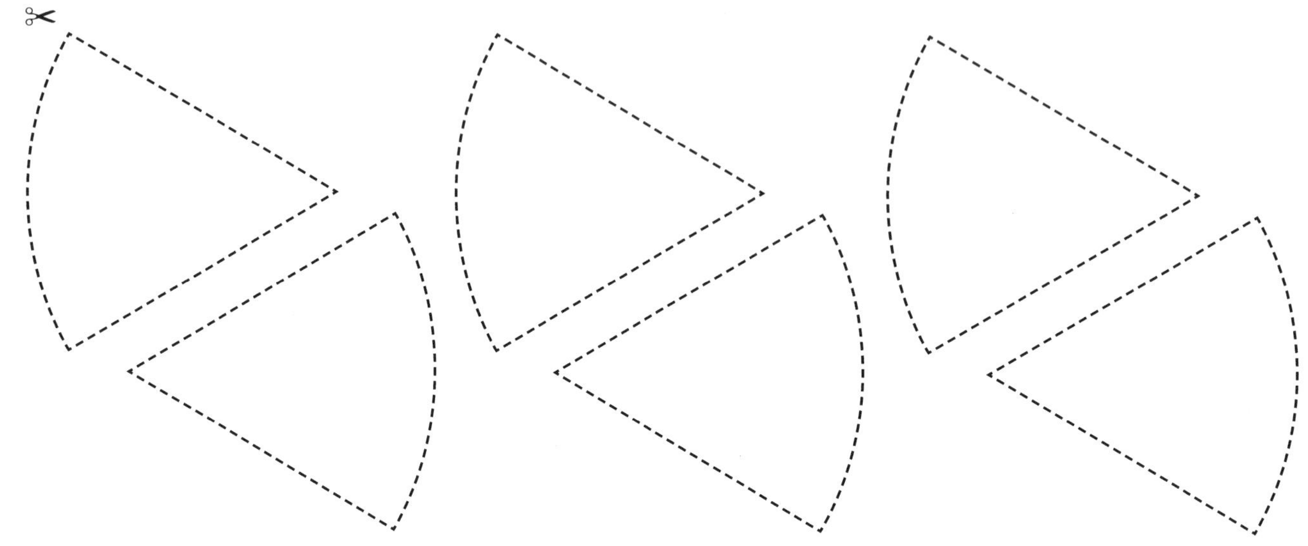

Unsere Zeitreise – der Rückweg

Leider müssen wir uns jetzt wieder auf den Rückweg machen. Winke noch einmal den Kamelen. Wenn du bereit bist, strecke den Daumen hoch! Dann kann es losgehen: Jeder steigt wieder in seinen Schutzanzug – zuerst in das rechte und dann in das linke Hosenbein. Wir ziehen den Anzug hoch und streifen ihn über unseren rechten und über den linken Arm. Zuletzt schließen wir noch den Reißverschluss. Vergiss nicht die Tablette gegen Reiseübelkeit und setze den Kopfschutz auf.

Du darfst dich nun wieder ganz gemütlich hinsetzen, den Kopf auf deine Arme legen und die Augen schließen.

Stell dir vor, wie du zusammen mit den anderen in die Zeitmaschine steigst. Die Tür schließt sich. Da ist sie wieder, die Uhr. Du behältst sie genau im Auge. Bist du bereit? Dann strecke noch einmal kurz den Daumen hoch! Es könnte gleich wieder ein bisschen laut werden, wenn die Maschine startet. Das kennst du ja schon von der Hinreise. Du siehst, wie die Zeiger der Uhr sich bewegen, diesmal vorwärts. Immer schneller und schneller und schneller …

(An dieser Stelle wieder den Zeitmaschinensoundeffekt abspielen.)

Dann ist es ganz still. Die Tür öffnet sich. Zusammen mit den anderen steigst du aus. Bist du in der richtigen Zeit und am richtigen Ort angekommen? Du siehst dich um. Da ist die Schule! Puh, zum Glück! Du gehst mit den anderen ins Gebäude, durch den Gang ins Klassenzimmer.

Jetzt darfst du deine Augen wieder öffnen und den Schutzanzug ausziehen. Willkommen zurück in der Gegenwart!

Sprecht über folgende Fragen.

1. Wie hat euch die literarische Zeitreise gefallen?
2. Was fandet ihr daran besonders spannend?
3. Was war damals anders als heute? Was ist aus eurer Sicht heute besser oder auch schlechter?
4. Über welche Zeit würdet ihr gerne etwas lesen? Was interessiert euch daran?
5. Wenn ihr wirklich in die Vergangenheit reisen könntet, welche Zeit würdet ihr am liebsten kennenlernen?

Das Josef-Merkspiel

✂

Wie hieß der Vater der Brüder?	Wie viele Brüder hatte Josef?	Wie hieß der jüngste Bruder?	Warum waren die Brüder eifersüchtig auf Josef?
An wen haben die Brüder Josef verkauft?	Zu wem kam Josef als Sklave?	Wessen Träume deutete Josef im Gefängnis?	Was bedeuteten die Träume des Pharaos?
Wozu hat der Pharao Josef ernannt?	Wer kam während der Hungersnot, um Korn zu kaufen?	Wodurch drückte Josef seine Freude über das Wiedersehen mit allen Brüdern aus?	Wer zog am Ende der Geschichte nach Ägypten?
Jakob.	Elf.	Benjamin.	Weil er der Lieblingssohn des Vaters war.
An arabische Händler.	Zu Potifar.	Die Träume des Bäckers und des Mund-schenks.	Dass erst sieben gute, dann sieben schlechte Jahre kommen würden.
Zum Unterkönig von Ägypten.	Händler aus allen Ländern und Josefs Brüder.	Durch ein Gastmahl.	Jakob und die Familie.

Josefs Weg

Wenn-Dann-Karten

✂

Wenn ich das prächtige Gewand nicht bekommen hätte, …  dann wären meine Brüder nicht so eifersüchtig gewesen.	Wenn ich nicht von meinen Träumen erzählt hätte, …  dann wären meine Brüder nicht so zornig geworden.	Wenn meine Brüder nicht so zornig geworden wären, …  dann hätten sie mich nicht an Händler verkauft.
Hätten meine Brüder mich nicht an Händler verkauft, …  dann wäre ich nicht Sklave geworden.	Wäre ich nicht Sklave geworden, …  dann wäre ich nie in Ägypten gelandet.	Wäre ich nie in Ägypten gelandet, …  dann wäre ich nicht zu Potifar gekommen.
Wäre ich nicht zu Potifar gekommen, …  dann wäre ich nicht ins Gefängnis gesperrt worden.	Wäre ich nicht ins Gefängnis gesperrt worden, …  dann hätte ich die Träume des Mundschenks und des Bäckers nicht deuten können.	Hätte ich die Träume des Mundschenks und des Bäckers nicht deuten können, …  dann hätte ich die Träume des Pharaos nicht deuten können.
Wenn ich die Träume des Pharaos nicht hätte deuten können, …  dann wäre ich nicht Unterkönig geworden. / dann hätte man die Hungersnot nicht lindern können.	Wäre ich nicht Unterkönig geworden, …  dann hätte ich meine Brüder nicht wiedergetroffen.	Hätte ich meine Brüder nicht wiedergetroffen, …  dann hätten wir uns nicht versöhnen können.

Josefs Weg

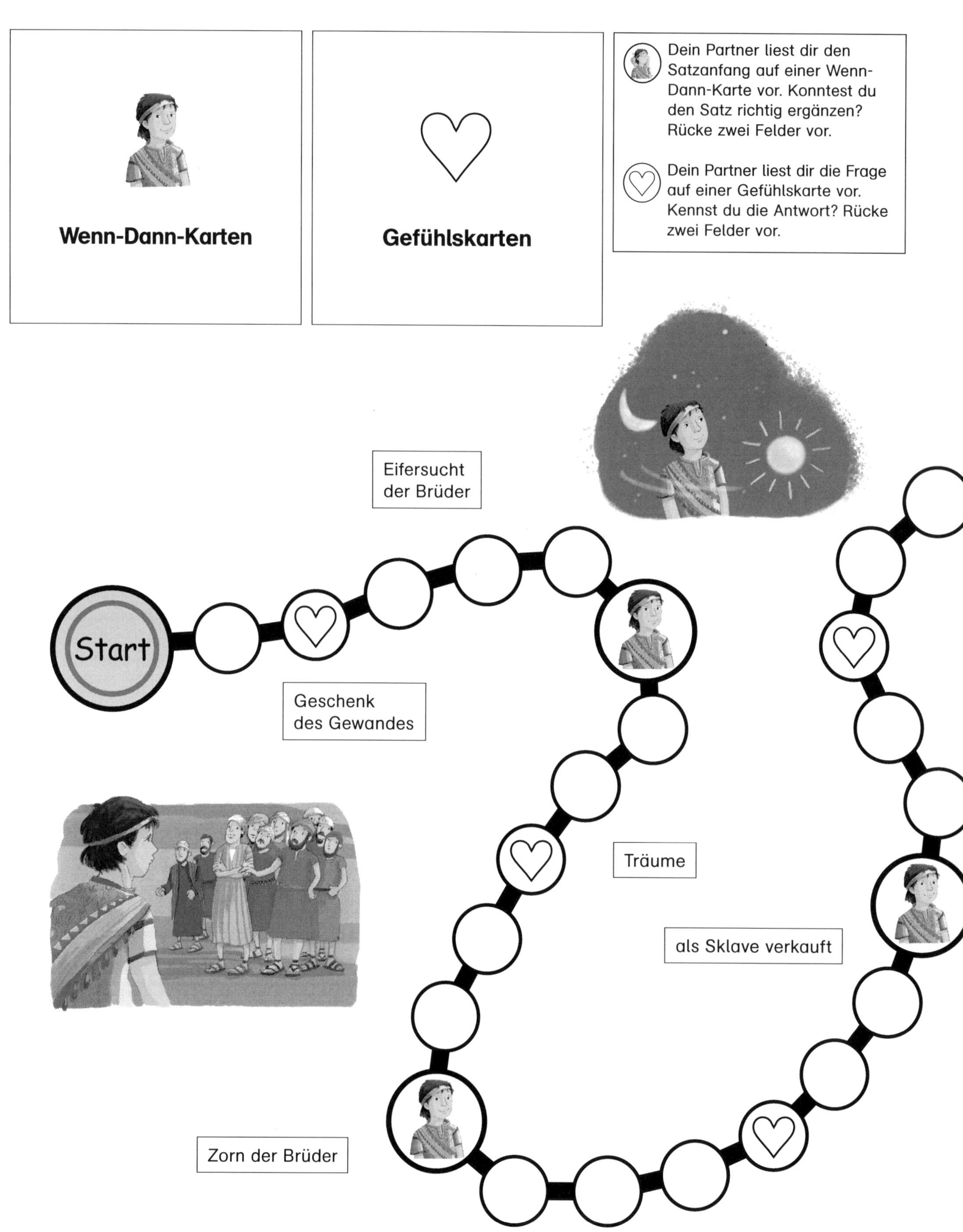

Wenn-Dann-Karten
Gefühlskarten
Dein Partner liest dir den Satzanfang auf einer Wenn-Dann-Karte vor. Konntest du den Satz richtig ergänzen? Rücke zwei Felder vor.
Dein Partner liest dir die Frage auf einer Gefühlskarte vor. Kennst du die Antwort? Rücke zwei Felder vor.
Eifersucht der Brüder
Start
Geschenk des Gewandes
Träume
als Sklave verkauft
Zorn der Brüder

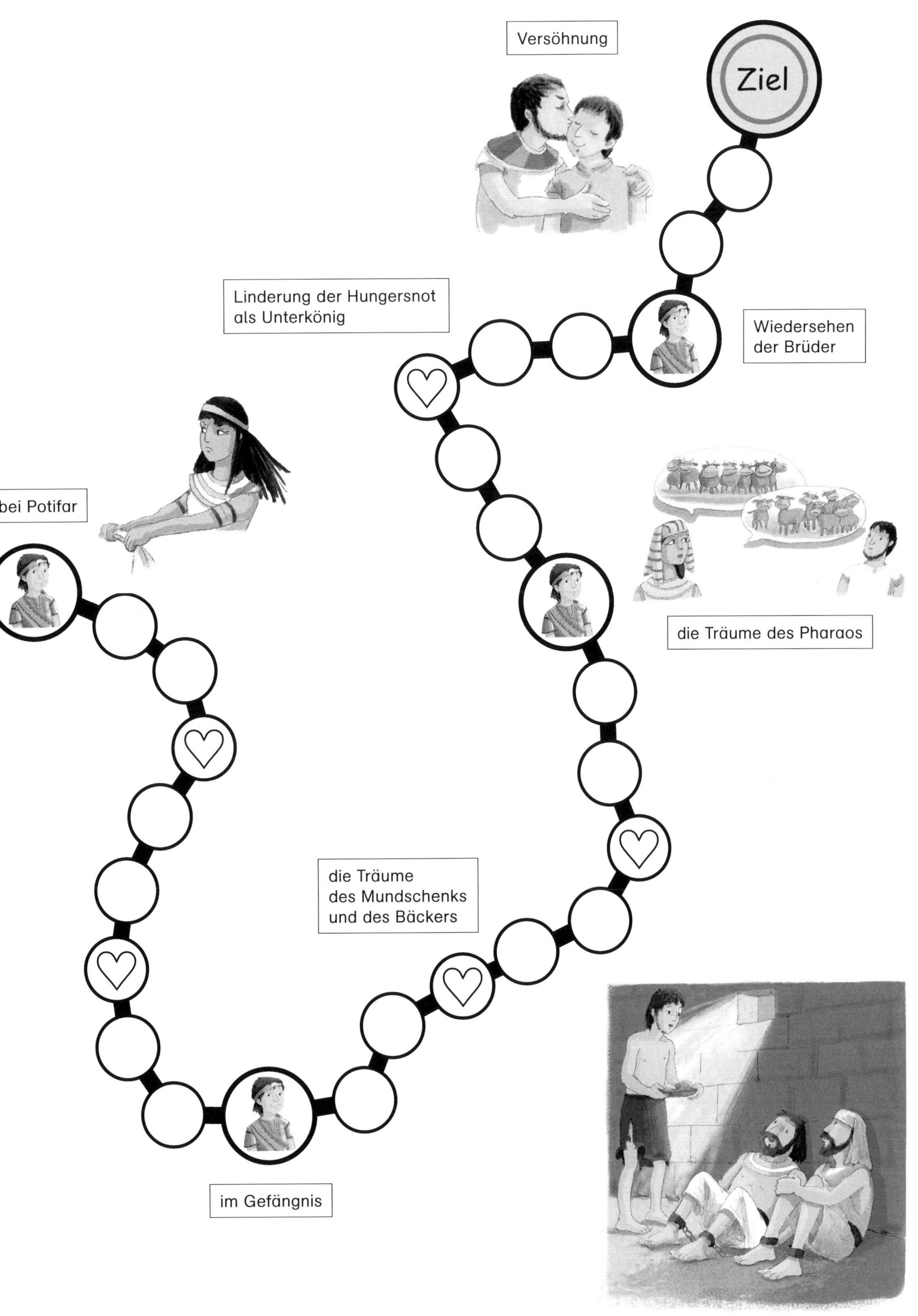
Versöhnung
Ziel
Linderung der Hungersnot
als Unterkönig
Wiedersehen
der Brüder
bei Potifar
die Träume des Pharaos
die Träume
des Mundschenks
und des Bäckers
im Gefängnis

Josefs Weg

Gefühlskarten

Wie fühlt sich Josef wohl, als er das prächtige Gewand von seinem Vater bekommt?

Josef ist sicher stolz und er fühlt sich geliebt.

Wie fühlen sich die Brüder wohl, als sie Josef in dem prächtigen Gewand sehen?

Die Brüder sind eifersüchtig und neidisch.

Wie fühlt sich Josef wohl, als er mitbekommt, was seine Brüder von ihm halten?

Josef ist vermutlich enttäuscht und traurig. Vielleicht hat er auch Angst.

Wie fühlt sich Ruben wohl, als er erkennt, dass er Josef nicht mehr helfen kann?

Ruben hat bestimmt ein schlechtes Gewissen und ist traurig.

Wie fühlt sich Jakob wohl, als er erfährt, dass sein Sohn tot ist?

Jakob ist sicher sehr unglücklich. Vielleicht macht er sich auch Vorwürfe.

Wie fühlt sich Potifar wohl, als seine Frau ihm die Lüge erzählt?

Potifar fühlt sich betrogen und hintergangen.

Wie fühlt sich Josef wohl, als er unschuldig im Gefängnis landet?

Josef fühlt sich sicher hilflos und einsam.

Wie fühlt sich der Bäcker wohl, als Josef ihm seinen Tod vorhersagt?

Bestimmt hat der Bäcker Angst.

Wie fühlen sich die Brüder wohl, als sie das Geld in ihren Säcken finden?

Die Brüder bekommen bestimmt Angst und sind verwirrt.

Wie fühlt sich Josef wohl, als er erkennt, dass seine Brüder sich geändert haben?

Josef ist erleichtert und freut sich sehr.

Wie fühlen sich die Brüder wohl, als Josef ihnen vergibt?

Die Brüder sind sicher erleichtert und freuen sich sehr.

Wie fühlt sich der Vater wohl, als er hört, dass Josef noch am Leben ist?

Der Vater ist sicher erleichtert und freut sich sehr.

